MW00761407

«Este libro es una joya, escrita con el corazón por un hombre al que he llamado hermano y amigo durante veinte años. *Hazme como Jesús* nos facilita una mirada sincera y abierta a lo que significa *en realidad* caminar de veras con Cristo».

—REPRESENTANTE JIM RYUN, Campeón olímpico y coautor de *Heroes Among Us*

«Michael Phillips y yo no nos conocemos personalmente, pero vamos peregrinando por el mismo camino. Me parece que vamos a ser como Cristiano y Fiel mientras iban avanzando hacia la Ciudad Celestial en *El progreso del peregrino*. El camino por el cual vamos es tan estrecho y poco atractivo para los cristianos "normales", que es inevitable que tropecemos unos con otros. En *Hazme como Jesús*, Michael se ha hecho eco de los latidos del corazón de los antiguos que tenían algo que yo aún no poseo, y que, resumido en palabras de Oswald Chambers, se llama "abandono espiritual". Mi camino me llevó literalmente a través de una operación del corazón antes que lo aceptara como el único para mí. ¿Qué va a hacer falta en su caso? ¿Tal vez este libro?»

—RON DICIANNI, artista y escritor

«Este libro no es para los pusilánimes, sino para todo el que quiera explorar las profundidades de la consagración cristiana. Michael Phillips ofrece un correctivo muy necesario acerca de varias descripciones populares, pero superficiales, de la vida cristiana. Nos desafía a abandonar todas las versiones almibaradas del Evangelio para experimentar el Evangelio real. Nos desafía a ir más allá de la simple admiración por Jesús, con el fin de llegar a parecernos a Él».

OBISPO WILLIAM C. FREY, autor de
The Dance of Hope

MICHAEL PHILLIPS

HAZME COMO JESÚS

LA VALENTÍA DE ORAR PELIGROSAMENTE

Publicado por
Editorial Unilit
Miami, Fl. 33172
Derechos reservados

© 2004 Editorial Unilit (Spanish translation)
Primera edición 2004

© 2003 por Michael R. Phillips
Todos los derechos resevados.
Originalmente publicado en inglés con el título:
Make Me Like Jesus por
WaterBrook Press
2375 Telstar Drive, Suite 160
Colorado Springs, Colorado 80920.

Publicado en español con permiso de WaterBrook Press,
una división de Random House, Inc.
WATERBROOK y el logotipo con el diseño del ciervo son marcas
registradas de WaterBrook Press, una división de Random House, Inc.

Traducido al español por: Dr. Andrés Carrodeguas
Fotografía de la cubierta por: Gettyimages

A menos que se indique lo contrario, las citas bíblicas se tomaron de la *Santa
Biblia, revisión 1960* © Sociedades Bíblicas Unidas; y *La Santa Biblia
Nueva Versión Internacional* (NVI). © 1999 por la Sociedad Bíblica
Internacional.
Usadas con permiso.

Producto 496735
ISBN 0-7899-1143-4
Impreso en Colombia
Printed in Colombia

CONTENIDO

Introducción 7

1   El gran propósito de Dios 13

2   La oración de semejanza a Cristo. 25
    «Hazme como Jesús».

3   La oración de niñez 39
    «Padre, ¿qué quieres que haga?»

4   La oración de renuncia 63
    «No se haga mi voluntad, sino la tuya».

5   La oración de muerte 83
    «Dios mío, Dios mío, ¿por qué…»

6   La oración de vida 101
    «Para que sean uno, como nosotros somos uno».

7   La oración de gozo 119
    «Para que mi gozo sea cumplido en ellos».

INTRODUCCIÓN

Este libro no es para todo el mundo.

El tiempo es una mercancía que todos valoramos. Por tanto, para evitar que usted gaste unas energías valiosas en un mensaje que no le interesa, o para el cual no está listo en este momento concreto de su vida, le voy a ofrecer varias razones por las cuales no debe leer este libro… y una razón muy buena por la que debería leerlo.

Algunas veces, la decisión de no seguir adelante puede ser prudente. El libro que más huella ha dejado en mi vida llegó a mis manos antes que estuviera listo para leerlo. Un día, mi mentor espiritual me dio entusiasmado aquel librito, y me dijo que cambiaría mi vida. Sin embargo, al tratar de leerlo me encontré atascado sin esperanzas al cabo de unas pocas páginas.

Desilusionado, se lo fui a devolver. «No hallo manera de adentrarme en él», le dije. «Ni siquiera comprendo lo que dice el autor».

«No pasa nada», me dijo mi amigo. «No te preocupes. Guárdalo un poco más de tiempo. Déjalo a un lado. Ya vendrá otro día en el que todo marche bien».

Hice como él me dijo… y ciertamente, llegó ese momento *correcto* un par de años más tarde.

De repente, un libro que había considerado aburrido y seco estalló, repleto de significado. No podía dejar de leerlo. Lo leí tres o cuatro veces seguidas. Nunca antes, ni nunca después, he encontrado un libro que haya hecho tanta resonancia en mi espíritu.

Todo estuvo en que llegara el momento correcto. Y me alegro de haber esperado.

No es posible apresurar el desarrollo espiritual. La madurez de invernadero no existe. Hace falta tiempo para hacer crecer la sabiduría. Dios nunca tiene prisa. El reconocimiento de este proceso que se está realizando, en especial dentro de nosotros mismos, nos evita muchas frustraciones e impaciencias.

Por tanto, si las circunstancias no parecen ser las correctas para usted en estos momentos, de manera que pueda responder de manera total a los principios a los cuales se refiere este libro, es posible que lo más sabio sea que espere a más tarde.

CUATRO RAZONES PARA NO LEER ESTE LIBRO

Estoy escribiendo mayormente para cristianos practicantes. Si aún no ha alcanzado en su vida un punto en el que trata a diario de vivir según los principios del Evangelio de Jesús, tal como los presenta la Biblia, entonces lo que sigue va a tener poco sentido para usted. Le recomiendo que espere hasta que *esté* ordenando su vida de acuerdo a sus enseñanzas y mandatos, porque creo que ese momento *va a llegar.* Tal vez entonces recuerde este librito y busque de nuevo sus transformadoras verdades, con todo lo que le pueden ofrecer.

Pero yo no escribo solo para cristianos. Este libro es para los que se han dedicado con todas sus fuerzas a caminar en fe durante algún tiempo, y han hecho notables progresos en cuanto a la maduración en ese caminar. Hay muchos puntos que hace falta destacar para los cristianos creyentes nuevos y relativamente jóvenes, y esos puntos son valiosos en las primeras etapas del crecimiento. Yo mismo he escrito sobre estos importantes temas. Pero este libro no es de ese tipo. Si acaba de comenzar su vida de cristiano, entonces lo que sigue no va a tener ahora para usted el sentido que va a tener después. Le recomiendo que espere al momento en que sienta hambre por una profundidad mayor en su caminar con Dios. Tal vez entonces quiera acudir a este librito, y descubra que tiene más sentido para usted.

No es posible apresurar el desarrollo espiritual.
Dios nunca tiene prisa.

Como breve anotación acerca de los dos puntos anteriores, y a causa de ellos, añado que este libro no tiene que ver con la experiencia de la salvación, ni hace intento alguno por explicar la Expiación. Doy por sentado que la mayoría de sus lectores habrán pasado ya esas etapas en su propio peregrinaje espiritual. Me sorprenden continuamente las insistentes críticas procedentes de los que piensan que en todos los libros que escribe un cristiano deben aparecer de alguna forma las Cuatro Leyes Espirituales. A estas horas ya he escrito unos cuantos libros, y por lo general dirijo mis escritos a los que ya están caminando en la fe. Invariablemente aparecen los que piensan que no soy un cristiano genuino, si no trato de asegurarme varias veces a lo largo del libro, de que mi lector recibe la salvación. No es eso lo que voy a hacer aquí. Si le incomoda esto, entonces es probable que este libro no sea para usted.

Además, no se trata de un libro acerca de la experiencia religiosa corporativa. No vamos a explorar la confraternidad en la iglesia, su adoración, las relaciones con los demás y otras cuestiones de lo que a veces se ha dado en llamar «vida del cuerpo». En otros lugares he escrito acerca de estos temas. En lugar de esto, nos centramos aquí en lo imprescindible que es la fe *personal*, en la cual se debe fundamentar la experiencia corporativa para que tenga una validez eterna plena. Me doy cuenta de que hay muchos para los cuales en este momento la insistencia principal debe estar en la realización corporativa de las actividades religiosas. Si usted es uno de ellos, es poco probable que lo que sigue tenga el sentido que podría adquirir en un punto posterior de su peregrinaje personal, cuando la experiencia corporativa sea incapaz de satisfacer los anhelos más profundos que vayan surgiendo en su corazón.

Por último, este es un libro para aquellos cuya hambre espiritual sobrepasa a las bendiciones que esperan recibir de sus oraciones, experiencias, estudios, aprendizaje y demás empresas espirituales. Por supuesto, los que ordenen sus pasos de acuerdo con los principios de Dios, reciben bendiciones. Pero caminar siguiendo las huellas de Jesús, y buscando las marcas de sus rodillas en el suelo de aquel antiguo huerto llamado Getsemaní, no siempre es la senda hacia la «bendición», de acuerdo con las normas que utiliza el mundo para medir. Lo triste es que son muchos los cristianos de la Iglesia occidental que miden de acuerdo con esas normas. Han olvidado las palabras del Señor. En nuestra cultura actual de la opulencia y la abundancia, ya no consideramos los latigazos, ni las gotas de sangre derramadas a causa de la corona de espinas, como emblemas de honra en el discipulado.

Por tanto, si usted es de los que piensan que deben centrar sus energías en las oraciones para recibir bendiciones, sin duda, este libro va a tener poco interés para usted. De ser así, le pido al Señor que llegue en su vida un momento en el cual los anhelos de su corazón no sean ya lo que Dios haga por *usted*, ni las bendiciones que vaya a derramar sobre *usted*, ni la forma en que *usted* puede extender sus límites, sino más bien lo que *Él* quiere para usted. Tal vez entonces recuerde este librito y busque sus transformadoras verdades, con todo lo que le pueden ofrecer.

Una razón para seguir leyendo

Después de estas cuatro advertencias preliminares, tal vez queden pocos con ganas de leer mis palabras. Los libros que prometen las bendiciones cristianas, al igual que los programas de televisión del mismo tipo, siempre atraen grandes multitudes que acuden a regocijarse en lo fáciles que son las recompensas que se les prometen. Las multitudes prefieren las gozosas «experiencias» de manos al aire, a las rodillas rendidas en abandono de sí mismo. Por eso, la senda que va hacia Getsemaní nunca ha sido demasiado transitada. La oración de semejanza a Cristo, aunque entre los que se llaman seguidores suyos, nunca ha sido una oración para las multitudes. A los que se aventuran por ella no se les ha hecho ningún tipo de promesas superficiales.

Si usted es uno de los que buscan la reclusión de ese huerto donde se perfecciona la obediencia, porque quiere conocer a Dios de una manera más íntima y vivir en su presencia, vamos a embarcarnos juntos en un viaje al interior del alma. Aunque muchos otros hayan echado a un lado este libro después de leer lo anterior, le pido a Dios que usted sea uno de los que están cansados del cristianismo de estos tiempos modernos, y sienten hambre de más. Por tanto, aunque esto se convierta en una solitaria búsqueda, va a ser una búsqueda con una rica recompensa; no a base de bendiciones que se puedan ver con los ojos terrenales, sino a base de las bendiciones de la eternidad.

Por tanto, busquemos juntos los propósitos de Dios mientras aprendemos en el silencio de nuestro corazón a susurrar las oraciones sacrosantas de las que nos dio ejemplo el Señor, a través del cual fue perfeccionada la salvación del mundo.

UNO

EL GRAN PROPÓSITO

DE DIOS

Hace unos treinta y cinco años, comencé a pedirle a Dios que hiciera algo en mi vida. Nunca habría podido prever las consecuencias de esa oración. Mi petición era intensamente personal. No era algo para tomarlo a la ligera, o comentarlo de forma despreocupada, ni siquiera entre mis compañeros espirituales más cercanos. Durante años, la única persona con la que comentaba esto, era mi esposa Judy. Más tarde, cuando tuve ocasión de comentarlo con unas pocas personas más, descubrí para mi asombro que hubo quienes se ofendieron por mis pretensiones al atreverme a pensar de la forma que ellos consideraban que estaba insinuando.

Hay cosas del ámbito espiritual que lo mejor es mantenerlas entre uno mismo y el Señor. Así que, desde aquel momento en adelante, me quedé callado. Seguí hablándole de mi petición, y comentando el lento progreso de uno de sus hijos. Pero hasta el día de hoy, él y Judy siguen siendo mis únicos confidentes.

Ciertamente, algo que nunca pensé hacer fue escribir acerca de esto.

UN LIBRO QUE NUNCA HABRÍA ESCRITO

En cierto sentido, nunca he escrito un libro en el cual esta oración no desempeñara un papel básico dentro de mis pensamientos. Tampoco desarrollo nunca ninguno de los personajes de una de mis novelas sin que esta oración opere como fuerza invisible entre líneas. Para mí, *todo* en la vida gira alrededor de esta oración: todas mis relaciones, la forma en que Judy y yo criamos a nuestros hijos, los libros que escribo, mi manera de relacionarme con Dios, y en especial, la forma en que consideramos nuestro propio crecimiento.

No es que piense en ella todo el tiempo. No estoy diciendo de forma consciente las palabras a cada minuto, como tampoco les recuerdo conscientemente a mis pulmones que respiren, o a mi corazón que palpite. Sin embargo, aunque una conciencia concreta de esta oración flota de manera continua entre mi mente consciente y mi subconsciente, no hay nada que sea más básico en mi manera de enfocar la vida, mi sistema de creencias y mi caminar con Dios. Forma el lecho de roca diario sobre el cual opera mi fe… mi existencia misma. Después de más de un tercio de siglo, esta oración *es* lo que yo soy como hombre. Pero nunca he hecho planes para escribir acerca de ella de una manera directa o concreta.

Ha habido dos razones para esto. En primer lugar, me parecía demasiado personal, demasiado privada, y tal vez demasiado difícil de comunicar por medio de palabras, incluso para un escritor. No me consideraba capaz de comunicar ni la milésima parte del imperativo esencial de esta oración. Consideraba demasiado complejas sus profundidades para traducirlas en palabras. Las *sentía*… pero no pensaba que me fuera posible *decirlas*. Tal vez se tratara de un aspecto de la fe que cada ser humano tiene que descubrir por sí mismo.

En segundo lugar, la dicotomía existente entre el ideal que presentaba esta oración, y la realidad diaria de mi propia y débil hombría es demasiado evidente. La inmadurez de mi carne, mis ambiciones mundanas, mis motivaciones personales, mis reacciones tan poco semejantes a las de Cristo, mis ansiedades, mi impaciencia, mi falta de confianza… todas estas cosas son tan perfectamente visibles como un pulgar adolorido. Una de las peculiaridades frustrantes que tiene la vida cristiana es que, mientras más tiempo ha estado uno en ella, menos progreso ve. Mientras más uno se resiste ante la carne, más engañoso se parece volver ese «hombre viejo». Suele ser el infante espiritual el que testifica acerca de grandes pasos de fe y de madurez casi todos los días, o las semanas. En cambio, el veterano experimentado en las guerras de la fe ha llegado a ser lo suficientemente sabio como para reconocer que su propia carne es un enemigo muy sutil, y con frecuencia desespera de ver su corazón reflejando la santidad.

La cuestión es que en estos tiempos soy sumamente consciente de mis fallos, mis debilidades, mis flaquezas y mis defectos de carácter. Por supuesto, me doy cuenta de que nadie llega en esta vida a un nivel de espiritualidad que lo haga digno de hablar acerca de las cosas más elevadas de Dios. En este sentido, todos somos pecadores e hipócritas, puesto que miramos hacia una realidad más elevada de la que podemos vivir en la práctica. Eso forma parte del proceso de crecimiento. Por eso, un pastor, un maestro o un escritor no es más que un pecador sediento que le dice a otro dónde puede hallar agua.

Yo reconocía que estaba funcionando este principio. Con todo, huía de la idea de hablar de forma más directa sobre este tema tan profundamente personal. Pensaba que un mensaje así debía proceder de uno de aquellos barbudos santos del pasado, como George MacDonald, D. L. Moody o Charles Spurgeon. En el aspecto externo de mi vida no había ningún aura de santidad que le diera validez al mensaje, como la que rodea en forma de neblina espiritual al recuerdo de estos hombres, con solo mencionar sus nombres. Estoy seguro de que aquellos que mejor me conocen, reconocerán muy bien esto. La mayoría de las personas con las que me encuentro no tienen ni idea de que estos pensamientos y estas oraciones palpiten debajo de la superficie de mi ser, mientras voy recorriendo las relaciones y actividades que forman mis días.

En resumen, que soy un hombre muy común y corriente. Y durante mucho tiempo he sentido que la presentación de este mensaje exigía que se tratara de alguien con unos dones más extraordinarios que aquellos que yo poseo, e incluso tal vez un nivel menos corriente de cristianismo que el evidente en mi vida.

Como es obvio, he cambiado de manera de pensar. Tengo la esperanza de que, al explicar con brevedad ese cambio de idea, esté haciendo que echemos a andar en la dirección correcta, de manera que el Espíritu de Dios use con su sabiduría el tiempo que pasemos juntos para realizar sus propósitos en cada uno de nosotros.

LAS COSAS PRIMERAS Y LAS SEGUNDAS

Durante los años de mi caminar con el Señor, he ido observando cómo la Iglesia evangélica se ha ido preocupando cada vez más por las cosas externas y las bendiciones en el camino de fe del cristianismo. Esto ha ido aumentando en los últimos años hasta algo que parece casi una obsesión por orar para pedir unas bendiciones mayores de la mano de Dios, y me preocupa grandemente. Temo que a muchos cristianos se los esté animando a orar en el poder de la *carne* para pedir bendiciones temporales, y no en el *espíritu* de Cristo para pedir santidad personal.

Sin duda, a muchos les sorprenderá esta afirmación. Por tanto, quiero establecer con claridad inequívoca una verdad que se enseña muy pocas veces en nuestras iglesias: Es posible orar por cosas que tienen una importancia *secundaria*, y después, al observar las aparentes respuestas a esas oraciones, suponer erróneamente que tienen una importancia *primaria* dentro del marco de la voluntad de Dios.

Voy a expresar este principio desde un ángulo diferente, para evitar confusiones: *Las bendiciones que proceden de la mano de Dios, incluso las respuestas a las oraciones, no tienen por qué confirmar las cosas por las que se ha orado, ni darles validez como elementos de una importancia primaria dentro de la economía divina.*

Si estamos pidiendo cosas secundarias en nuestras oraciones, y por lo general somos fieles a ellas, es cierto que Dios nos las puede conceder… sin embargo, nuestro entusiasmo ante esas respuestas podría impedir que buscáramos las cosas *primarias* hacia las cuales Él preferiría que dirigiéramos nuestras oraciones y nuestra vida en general. Si nos contentamos con gastar nuestras energías en las cosas secundarias y en las bendiciones que las acompañan, tal vez nunca lleguemos a dar en el blanco de la voluntad de Dios. Un padre amoroso le puede dar a un hijo suyo el regalo de cumpleaños que él le ha pedido —convirtiendo en realidad un deseo suyo—, al mismo tiempo que sabe que tiene unos regalos mucho mayores que hacerle: amor, disciplina, seguridad, confianza y sabiduría. De igual manera, aunque nuestras oraciones logren aquello que nosotros queremos, y tengan por consecuencia unas respuestas, es posible que el blanco de esas oraciones se halle muy al borde de los propósitos centrales de Dios.

Hay quienes se están deleitando en las bendiciones aparentes que hay en su vida… al mismo tiempo que se pierden lo mejor de cuanto Dios quiere para su pueblo.

Las bendiciones por sí mismas no tienen por qué ser un sello de aprobación por parte de Dios. Algunas veces son consecuencia de la laboriosidad, o de la aplicación de algún principio bíblico. No hace falta vivir mucho tiempo en Alemania para darse cuenta de que es una nación que ha sido económicamente «bendecida». ¿Es obra de Dios o, en parte, se debe a una ley que exige a nivel nacional que se diezme a la Iglesia, unida a la existencia de un pueblo lleno de energía y trabajador? Cuando se siguen los principios de Dios, se reciben bendiciones, algunas veces sin que Dios haya participado de una forma activa y concreta.

Lo triste es que abundan los cristianos que entienden mal este principio. Como muchos lo enseñan de manera incorrecta en su ministerio público, estos cristianos se pueden pasar toda su vida espiritual en la periferia de los propósitos de Dios, sin nunca darse cuenta de ellos. Entre los cristianos más llenos de energía y de vida, y entre las iglesias que crecen, hay quienes se están deleitando en las bendiciones aparentes que hay en su vida… al mismo tiempo que se pierden lo *mejor* de cuanto Dios quiere para su pueblo.

Mi preocupación por esta epidemia de espiritualidad al estilo «*Señor, bendice mi vida*» es la que me ha llevado a escribir el libro que usted tiene en sus manos.

Moldeando hijos e hijas

Hay muchos aspectos secundarios de la voluntad de Dios que son buenos, correctos y tienen elementos bíblicos de espiritualidad, y que nos deben interesar. Hacemos bien en comprenderlos y pedirle a Dios que los desarrolle en nosotros. Hay miles de libros, sermones, estudios bíblicos y conferencias que se centran en esta multitud de cosas secundarias todos los días, de tal manera que dedicamos la energía de una vida entera a diversos elementos menores de la espiritualidad.

Ahora bien, ¿cuál es la voluntad *primaria* de Dios para su pueblo?

Tal vez Dios nos quiera bendecir, pero ¿es ese su anhelo más elevado? ¿Qué quiere hacer Él en su vida y en la mía, por encima de *todas* las demás cosas?

¿Cuál es el *summum bonum*, lo más grande, el «bien supremo» de la vida, el propósito más perfecto y elevado que se encuentra en la mente y el corazón de Dios cuando piensa en usted y en mí?

Lo podemos decir de manera muy sencilla: Que nos convirtamos en hijos e hijas suyos conforme a la imagen de Cristo.

Jesús era *el Hijo de Dios*; el Hijo «unigénito». El designio de Dios es que nosotros también nos convirtamos en hijos e hijas; los hermanos menores de Cristo, y que seamos como Él: que amemos *como Él*, pensemos como Él, reaccionemos como Él, nos resistamos ante el enemigo como Él, confiemos en el Padre como Él, y oremos como Él.

Sin permitir que nos desvíe la difícil doctrina de la predestinación, hallamos a Pablo que va directamente al corazón de esta intención de Dios en Romanos 8:29: «Porque a los que antes conoció, también los predestinó para que fuesen hechos conformes a la imagen de su Hijo, para que él sea el primogénito entre muchos hermanos».

Nunca seremos como Jesús en su perfección, pero el propósito que tiene Dios con usted y conmigo es que nos volvamos semejantes a Él en cuanto a actitudes, pensamientos y motivaciones. Solo *un Hijo* trajo la salvación al mundo, pero *todos* los hijos e hijas de Dios deben participar en esa salvación, a base de ir desarrollando ese parecido a Cristo que ella hace posible.

Obviamente, se trata de un proceso; un proceso *largo* que dura toda la vida, porque por naturaleza, *no* amamos, pensamos, reaccionamos ni confiamos en Dios como Jesús.

Sin embargo, no se equivoque. Todo lo que pretende el cristianismo es convertirnos en la clase de personas que *pueden* hacer esto, comenzando con los pequeños pasos de los niños, para ir dando después unos pasos más firmes, a medida que avanza nuestra vida. Sencillamente, la vida cristiana no tiene que ver con ninguna otra cosa. Aunque nunca llegaremos a ser perfectamente como Jesús en esta vida, hacia ese fin nos lleva Dios, y hacia ese «centro» divino apunta la oración de semejanza a Cristo.

Es evidente que una transformación de este tipo en hombres y mujeres que reflejen la naturaleza de Jesucristo no es algo que se pueda realizar de manera externa. A los cristianos de hoy les encantan las proclamaciones externas. Sin embargo, aquí estamos hablando de algo totalmente distinto a lo que se puede lograr por medio de un cartel pegado al parachoques del auto, o de un culto de adoración, o de un programa de treinta días.

El propósito que tiene Dios con usted y conmigo es que nos volvamos semejantes a Jesús en cuanto a actitudes, pensamientos y motivaciones.

El tipo de hijos e hijas que Dios quiere llegar a desarrollar en su corazón no se produce por medio de manifestaciones externas. Solo puede producirse internamente, mientras nos convertimos en personas de una cierta naturaleza y carácter.

Dios quiere más que simples creyentes. Quiere más que simples adoradores. Quiere más que personas que pueden repetir de memoria unas frases espirituales doctrinalmente correctas. Quiere más que unos hombres y mujeres que siempre anden buscando nuevas experiencias, emociones y bendiciones.

Su proyecto consiste en moldear hijos e hijas.

De la misma forma que se inclinó para crear a Adán y a Eva del polvo de la tierra, también toma a cada uno de nosotros cuando le entregamos nuestra vida y, hasta el punto que nos entreguemos a este proceso de reconstrucción, comienza a moldear hijos suyos que un día llevarán la imagen y reflejarán la naturaleza de Jesucristo, su Hijo primogénito.

DOS

LA ORACIÓN DE SEMEJANZA A CRISTO

«Hazme como Jesús».

Volvamos ahora a la petición que hice años atrás, cuando comencé a pedirle a Dios que me conformara a la imagen de su Hijo.

Esta fue mi oración: *Señor, hazme como Jesús.*

Yo la llamo «la oración de semejanza a Cristo». No es una oración que se pueda hacer con frivolidad. Si hasta este punto no ha habido una oración así que haya formado parte activa de su vida de oración, lo exhorto a no hacerla aún, mientras no haya leído lo que sigue.

El blanco de la fe

Si algún elemento hay en la vida cristiana, en el cual sea imprescindible calcular el precio, ese elemento es esta oración.

Estemos muy claros en que *hay* un precio que pagar para asemejarse más a Jesucristo. Un alto precio.

Si usted no va en serio con Dios, solo va a hacer más lento su progreso espiritual al hacer la oración de semejanza a Cristo. Sus palabras parecen bastante sencillas. Sin embargo, los medios por los cuales nos llega la respuesta no tienen nada de sencillos.

La oración de semejanza a Cristo representa realmente el camino menos transitado de todos. Es un peregrinaje que, si lo emprendemos en serio y lo volvemos a confirmar a diario, lo transformará todo. Lo va a poner en un derrotero distinto al de la multitud; incluso la multitud de los «espirituales». De maneras calladas y sutiles, usted va a descubrir que ese camino lo aparta incluso de muchos que están en su propia iglesia. Cuando comiencen a cambiar su manera de ver las cosas y las prioridades de su corazón, reconocerá que está realizando un viaje distinto al que realizan la mayoría dentro de la multitud de los religiosos.

La oración de semejanza a Cristo representa
realmente el camino menos transitado de todos.

Las enseñanzas que almibaran el mensaje del Evangelio a base de decirles a unos cristianos absortos en su propia persona lo que ellos quieren oír, y de pasar por alto todas esas cosas desagradables, como la negación de sí mismo y lo de poner primero a los demás, siempre encuentran un público receptivo. Por supuesto, a la gente le encanta este tipo de mensajes. ¿Quién no preferiría que le dijeran que Dios nos quiere comiendo galletas de chocolate y pastel de cereza, en lugar de brócoli y coles de Bruselas? No es de extrañarse que las enseñanzas más populares hoy sean las que prometan las bendiciones más grandes y nos hagan sentir bien con respecto a nosotros mismos.

Se trata de toda la diversión, el gozo y la bendición del cristianismo, sin precio alguno. Todo es muy fácil. El que nos digan que Dios quiere para nosotros exactamente lo que también quiere nuestra carne, es la píldora mágica en la cual se basan docenas de ministerios. Es un poco como un billete de lotería espiritual; una variante de la vieja doctrina de que Dios nos quiere ricos, con la cual el enemigo ha tenido tanto éxito en la Iglesia evangélica contemporánea.

Pero estas enseñanzas no salieron de los labios de Jesús.

¿QUÉ CLASE DE FORTALEZA SE NECESITA?

Cuando comencé a hacer la oración de semejanza a Cristo, sabía que era una empresa para toda la vida. Pero en realidad, tampoco calculé el precio. No tenía forma de hacerlo.

No tenía idea de dónde me llevaría. Desde entonces, he tenido momentos en los cuales he llegado a una profundidad tal de desaliento y desespero, que he estado a un milímetro de echarme atrás; de gritar: «Olvídalo, Dios mío. Siempre voy a creer, pero ya no quiero ser como Jesús. Ya no quiero seguirlo a la cruz. ¡Quítame la mano de encima!».

En esos momentos he sido consciente de que me hallaba ante un precipicio, casi listo para saltar, recordando la tercera tentación del Señor. Pero todas las veces me he apartado del precipicio y, con lágrimas de angustia, he reafirmado la oración, aunque he tenido momentos en los cuales ha sido tan difícil, que me dolía físicamente el estómago al hacerlo.

La oración de semejanza a Cristo no es una oración para los pusilánimes de espíritu. Cuando digo esto, no quiero afirmar que solo sea para los fuertes y seguros de sí. Yo no soy fuerte, ni soy un gran hombre de fe. Tal vez sí sea un poco obstinado. Mi decisión de seguir con esta oración hasta el final es la que me ha llevado una y otra vez a arrodillarme en medio de las lágrimas, para reafirmar una vez más, en mi *debilidad*, y no en mi fortaleza: «Padre… estoy dispuesto… a lo que sea necesario… Crea en mí el corazón de un hijo verdadero… y hazme como Jesús».

En el momento de terminar esa frase y dejar de mover los dedos, las palabras que he escrito me asaltan de nuevo con su dificultad… no; su imposibilidad. Me hallé mirando por la ventana, enfrentándome de nuevo, como tantas veces antes, al alto *precio* de esa oración.

Estoy dispuesto… a lo que sea necesario…
Crea en mí el corazón de un hijo verdadero…
y hazme como Jesús.

Allí me quedé, contemplando. Había escrito aquellas palabras *para usted*… pero, ¿podría hacer de nuevo la oración *para mí mismo*? ¿No como abstracción, sino hoy, ahora mismo, en este mismo instante?

El precio… *el precio*… me pesaba fuertemente sobre el corazón.

Por fin me levanté de la silla y me arrodillé con lentitud. Al principio, el único sonido que salió de mí fue un profundo suspiro. Estoy seguro de que, después de tantos años, el Señor sabe traducirlo para llevarlo a su corazón.

Entonces traté de hacer la oración que acababa de escribir; no tanto para poderle hablar de ella (ni siquiera estaba pensando con tanta anticipación), sino porque sabía que la *tenía* que hacer de nuevo. No le podía decir a ninguna otra persona que la hiciera, si yo mismo no podía hacerla.

Había llegado otro de esos momentos en los cuales el Señor me decía, como lo hace periódicamente: «*¿Estás dispuesto a seguirme hasta el fin?*».

Entonces, intenté orar. Pero al hacerlo, ni siquiera pude pronunciar las palabras «estoy dispuesto». Lo que salió de mis labios fue: «Padre… creo que estoy dispuesto… a lo que sea necesario… Trataré de estar dispuesto, Señor… Quiero estar dispuesto… Ayúdame a estar dispuesto…»

Después se produjo otra larga pausa. Yo creía que aquella oración sería fácil. Solía ser mucho más fácil. Pero el precio siempre está presente delante de mí. Ahora sé un poco más lo que significa… y la colina a la cual siempre debe llevar esta oración.

Suspiré de nuevo, y finalmente susurré: «Padre… hazme como Jesús».

Yo trato de no escribir nunca abstracciones, tanto si se trata de una novela, como si es un libro de este estilo. Si los retos de fe que pongo delante de mis lectores no son aquellos con los cuales estoy sondeando continuamente los oscuros escondrijos de mi propio corazón, entonces mis palabras no tienen sentido alguno. Escribo como manera de compartir mi propio viaje interior. De vez en cuando, algunos de mis lectores se dan cuenta. Espero poder animar a unos cuantos más por el camino, y ayudarles a acelerar el paso.

Esta ha sido mi propia lucha durante estos últimos cinco minutos. Por tanto, me fue duro orar con esas palabras. No me sentía lleno de gozo cuando me volví a poner de pie. Lo que en mi exuberancia juvenil había sido una oración de esperanza y entusiasmo se había convertido ahora para mí en una oración de obediencia.

Le he estado pidiendo a Dios durante treinta y cinco años que desarrolle dentro de mí la semejanza a Cristo. Algunas veces es difícil ver mucho progreso. Pero sigo orando. Hay ocasiones en que es muy, muy difícil decir esas palabras. En los últimos cuatro años se ha vuelto más difícil que nunca a causa de una crisis que parece haber sido causada en parte por mi intento de hacer real esta oración en nuestra familia.

Sí, el precio es alto. Judy y yo luchamos con ese precio todos los días. En este punto de nuestro peregrinaje con Dios, como ya he dicho, no siempre hacemos esta oración con un corazón gozoso.

Es una oración silenciosa, personal, invisible, destinada a destruir todo orgullo.

Puede ser solitaria, dolorosa, sacrificada. No es posible hacerla en ningún otro lugar, más que en el altar.

Sin embargo, no hay ninguna otra cosa que represente mejor el blanco de nuestra fe. No es que espere uno llegar de veras alguna vez a la cima de la unión total con Dios. La oración misma lleva implícito nuestro fracaso. La hacemos *porque* nunca lo vamos a lograr. El hecho mismo de que pronunciemos las palabras contiene en sí la admisión de que nunca alcanzaremos en esta vida nada que se acerque siquiera a la semejanza a Cristo. Pero si uno no apunta hacia el centro del blanco, ¿cómo se puede acercar a él?

Entonces, ¿es presunción decir unas palabras así?

No, si oramos en nuestra debilidad, y reconociendo plenamente esa debilidad.

Pablo les escribió a los Filipenses: «No que lo haya alcanzado ya, ni que ya sea perfecto; sino que prosigo, por ver si logro asir aquello para lo cual fui también asido por Cristo Jesús... Prosigo a la meta» (3:12, 14).

Eso es lo que representa esta oración: proseguir al *centro* mismo de los propósitos de Dios.

La semejanza a Cristo.

LAS TIJERAS DE LA SANTIFICACIÓN

La oración de semejanza a Cristo no es una oración que se pueda responder con un «hágase», como con una varita mágica.

¿Cómo la responde Dios?

La responde a través de *nuestra* buena disposición: nuestro deseo de convertirnos en hijos e hijas con una obediencia en la cual nos neguemos a nosotros mismos. Dios no puede realizar la transformación sin la cabeza inclinada, las rodillas en tierra y las manos vacías de nuestra propia obediencia.

Cuando oramos diciendo: «Padre, hazme como Jesús», necesitamos tener claro que no se trata de una oración que Dios pueda responder sin que nosotros aceptemos la parte igual que nos toca en el proceso.

No somos *hechos* como Jesús, sino que debemos *volvernos* como Él.

¿Cómo se produce ese cambio? ¿Quién es el responsable de que se produzca?

Se produce cuando sometemos nuestra naturaleza humana al Padre, tal como Jesús lo hizo. Se produce a medida que nos van saliendo a tijeretazos uno por uno pequeños pedazos de nuestra *naturaleza propia* de manera que la *naturaleza de Cristo* pueda surgir en su lugar. Mientras más se corte y quite del yo como fuente de motivación, actitudes, pensamientos y acciones, más espacio va quedando dentro de nosotros para que el Espíritu de Cristo sea el que determine las motivaciones, las actitudes, los pensamientos y las acciones.

Pregunto de nuevo: «Pero, ¿*cómo* se nos puede quitar a tijeretazos ese estar centrados en nosotros mismos, si se halla en lo más interior de nuestro ser, allí donde se decide cuál es la fuente de autoridad en nosotros?

Dios nos ha proporcionado un instrumento suyo para llevar a cabo esta labor de ir cortando el yo, de manera que Cristo pueda resplandecer. Sin embargo, no es un instrumento de santificación *de un solo hombre*, como suponen muchos, que Dios usa Él solo para llevar a cabo la operación. No es un bisturí para una sola mano, que solo Él use para llevar a cabo la operación quirúrgica tan necesaria. Podemos hacer la oración de semejanza a Cristo durante toda nuestra vida, sin que suceda nada, si todo lo que hacemos es quedarnos tirados en la mesa de operaciones, esperando a que sea Dios el que haga todos los cortes. Ciertamente, se trata de un tipo muy distinto de cirugía. En esta operación, el paciente tiene que ayudar al Cirujano, porque el instrumento quirúrgico necesita que sean dos las personas. Se trata de unas tijeras espirituales para dos manos.

Son las tijeras del *mandato* y la *obediencia*.

La forma en que funcionan estas tijeras —matando poco a poco al yo, cortando continuamente su influencia sobre los motivos, las actitudes, los pensamientos y las acciones— es uno de los aspectos menos comprendidos de lo que significa caminar en fe. Nosotros tenemos que usar un mango, mientras Dios sostiene el otro.

No somos hechos como Jesús,
sino que debemos volvernos como Él.

Esto sí es crecimiento: un crecimiento hacia ser *menos*, en lugar de crecer hacia ser *más*.

Para amputar las motivaciones del yo, para amputar la falta de bondad, las actitudes erróneas, la falta de perdón… tenemos que trabajar junto a Dios. Él no puede quitar esas cosas solo. Su decisión ha sido que la semejanza a Cristo exige un compromiso activo por parte nuestra, no pasivo.

Preguntar cuál de las dos hojas de la tijera es más importante, o cuál es la que en realidad hace la obra de «amputar», de crucificarnos a nosotros mismos, tiene tan poco sentido como preguntar cuál es la hoja de unas tijeras comunes y corrientes que *corta* realmente la tela. O las dos trabajan juntas, o no funcionan en absoluto.

LA BENDICIÓN DE ASEMEJARSE A CRISTO

Tal vez esta obediencia de la que hablo, estas dolorosas tijeras de la santidad, no parecen tener nada de divertido. Si su perspectiva es que «el Reino de Dios es una fiesta», como creen muchos hoy —trágico desarrollo dentro de la historia de la Iglesia que es muy posible que haya atrasado de manera indefinida el regreso del Señor—, entonces se ha equivocado de libro. Esa perspectiva no la va a encontrar en los evangelios, ni me va a ver mimando su naturaleza carnal con promesas sobre las mismas cosas que desea su carne. Hay cosas como morir por la fe, crucificar la carne, e incluso el martirio de los siglos, que ya no parecen encajar en la agenda de la Iglesia evangélica moderna.

Si la meta es la madurez espiritual, me parece que pedir bendiciones para nosotros mismos en la oración es algo así como enfocar las cosas al revés. Jesús no oró para recibir bendiciones. En cambio, sí oró para hacer la voluntad de su Padre. Dijo que debemos *negar* la carne, no satisfacerla con oraciones que la sigan alimentando.

Hay muchos aspectos del Antiguo Testamento de los cuales podemos aprender, pero que debemos reconocer solo como verdades parciales, como quien ve oscuramente a través de un espejo. Orar para que Dios matara a los enemigos de uno y aumentara el tamaño de sus rebaños era, en muchos sentidos, una oración temporal, que complacía a la carne, pero que no le daba sostenimiento eterno al espíritu. Las imágenes incompletas del Antiguo Testamento no deben suplantar al nuevo vino que el Hijo de Dios trajo para llenarnos de él. En Hebreos 1:1-2 se halla la lente a través de la cual debemos interpretar y aclarar las verdades del Antiguo Testamento: «Dios, habiendo hablado muchas veces y de muchas maneras en otro tiempo a los padres por los profetas, en estos postreros días nos ha hablado por el Hijo».

Muchas veces, mis lectores me dicen que mis libros, y los temas que contienen, son para unos pocos; no para muchos. Tal vez tengan razón. Siempre me ha desconcertado que exista una distinción de este tipo dentro de la cristiandad, aunque veo las evidencias a lo largo de toda la historia, y cada día a mi alrededor. ¿Por qué no son *todos* los miembros del pueblo de Dios los que quieren que su crecimiento se caracterice por la obediencia? ¿Qué otra cosa hay en la vida, más que eso? ¿Por qué habría de querer alguien otra cosa que no sea proseguir hasta el fin, rumbo a la cima más alta posible de nuestra relación con Dios?

Sin embargo, supongo que ninguno de nosotros quiera recorrer el camino que lleva al Calvario, por mucho que pensemos que sí queremos. Siempre ha sido más fácil *hablar* acerca de morir a sí mismo, que morir de veras a sí mismo; *hablar* de la obediencia, que obedecer, *hablar* de crucificar la carne, que crucificarla. Así que tal vez siempre existan los pocos y los muchos, e incluso entre los pocos existan también los pocos y los muchos, y ninguno de nosotros se halle tan consagrado en su discipulado como algún día desearemos habernos hallado. Qué doloroso va a ser darnos cuenta de lo cerca que estuvimos de vivir entre los verdaderos «pocos», entre los que son como Pedro, y Esteban, y Pablo, y tantos otros de aquella primera generación, y también los de las generaciones sucesivas que lo dieron todo y llevaron el discipulado hasta los límites mismos de la obediencia que es posible en la tierra.

TRES

LA ORACIÓN

DE NIÑEZ

«Padre, ¿qué quieres que haga?»

Cuando nos consagramos a la oración de semejanza a Cristo, comienza en nosotros un crecimiento que dura toda una vida. En el momento en que hagamos esta oración por vez primera, y la digamos con sinceridad, hasta la médula misma de nuestra voluntad —tanto si ese momento llega a los veinte años, como si llega a los ochenta—, todas nuestras prioridades, motivaciones, actitudes, aspiraciones y perspectivas cambian. Algunos de esos cambios son inmediatos y visibles. La mayoría son silenciosos, invisibles y de lento desarrollo.

Muchos cristianos hablan considerablemente acerca del «crecimiento». Es uno de los aspectos de la vida cristiana de los que se suele hablar más. Sin embargo, en cuanto a la oración de semejanza a Cristo, estamos hablando de algo muy distinto a la acumulación de conocimientos espirituales que se suele identificar con el crecimiento. Estamos buscando la *realidad* espiritual, no los conocimientos.

Lo que llaman crecimiento las personas que lo rodean, suele indicar un aumento en lo que ellos consideran su depósito de sabiduría. Al «hombre viejo» le encanta llenar esos graneros del alma hasta que desborden.

En cuanto a usted, en lugar de esto, lo que va a llamar crecimiento va a ser un movimiento hacia tener *menos* de todo aquello a lo que se pueda aferrar su carne para sobrevivir. Todo aquello que lo exalte *a usted mismo*, lo va a considerar como un paso hacia atrás, y no hacia delante.

El hecho es que, cuando comenzamos a orar diciendo: «Padre, hazme como Jesús», ya no nos pertenecemos. Eso no tiene otra salida más que cambiarlo todo, aunque es probable que el mundo —en especial los que se hallan más cerca de usted— no va a ver cambio alguno.

Todas las motivaciones estarán llenas de un significado nuevo, unas perspectivas nuevas, unos imperativos nuevos. De repente, nos inunda el ser el hecho de reaccionar como reaccionaba Jesús, como el propósito iluminador que le da definición y sentido a todo en la vida. Esto va mucho más allá de ponerse un brazalete que diga: *¿Qué haría Jesús?* No estamos tratando de *decirlo*, sino de *hacerlo*.

Las sendas más importantes hacia la madurez espiritual son invisibles para los ojos humanos.

En la historia de la cristiandad, con demasiada frecuencia el abismo que separa a estas dos cosas —nuestro *decir* y nuestro *hacer*— ha sido el gigantesco vacío en el cual han caído ignominiosamente las poderosas verdades de Dios, para desaparecer allí por completo de la vista del mundo.

Pero esto no debe ser así entre los que se dedican a la oración de semejanza a Cristo. Ellos mismos saben lo lejos que están de la meta. Por eso, no hacen ostentosas proclamaciones de semejanza a Cristo. Se reservan sus palabras acerca de hacer lo que Jesús habría hecho, para sus propios momentos de oración privada.

No están buscando que se vea su semejanza a Cristo. Son demasiado conscientes del engaño que trae consigo la piedad visible.

Saben que las sendas más importantes hacia la madurez espiritual son invisibles para los ojos humanos.

HIJO PERFECTO DE UN PADRE PERFECTO

Por consiguiente, a partir de la oración de semejanza a Cristo surge de inmediato esta pregunta muy práctica: ¿Cómo se debe hacer esto tan elevado y tan santo? ¿Cómo hacemos nuestra —cómo *podemos* hacer nuestra— la vida de semejanza a Cristo?

¿Podemos tener la esperanza de alcanzar algún nivel práctico en el cual realmente actuemos, vivamos, reaccionemos, nos comportemos y pensemos… *como Jesús?*

Para nuestro asombro, la respuesta es un vibrante *¡sí!*

Podemos ser como Él en la forma más importante de todas en que vivió su propia condición de Hijo. Podemos volver nuestro corazón al Padre, como hizo Jesús.

Con Jesús, podemos decir: *Padre, ¿qué quieres que haga?*

Y al escoger esta subordinación, con esta oración de niñez, ciertamente nos hacemos uno con Cristo.

Es evidente que Jesús no necesitaba orar para ser semejante a Cristo, puesto que Él era el Cristo, el Hijo perfecto de Dios. No necesitaba orar para pedirlo; era una verdad que ya vivía en Él. Ahora bien, ¿qué lo hizo tener las características del Cristo? ¿De qué estaba hecha su personalidad de Cristo? ¿Qué lo hacía Hijo?

La respuesta se encuentra en la propia pregunta. Era el *Hijo* perfecto del *Padre* también perfecto.

Esto no significa ni más ni menos que lo siguiente: Jesús era un *hijo* obediente. Hacía lo que su Padre quería que hiciera, y no lo que Él quería hacer. Aceptaba la voluntad del Padre, y reemplazaba su propia voluntad con aquella voluntad mayor del Padre.

En el ejemplo de esa niñez espiritual, descubrimos la puerta que nos conduce a nosotros mismos hacia la semejanza a Cristo.

Escuche con detenimiento las palabras de hijo pronunciadas por el propio Jesús, tal como las recogió Juan en su evangelio:

No busco mi voluntad, sino la voluntad del que me envió, la del Padre.

Las obras que el Padre me dio para que cumpliese, las mismas obras que yo hago, dan testimonio de mí, que el Padre me ha enviado.

No puede el Hijo hacer nada por sí mismo, sino lo que ve hacer al Padre; porque todo lo que el Padre hace, también lo hace el Hijo igualmente.

Yo he venido en nombre de mi Padre.

Yo vivo por el Padre.

No soy yo solo, sino yo y el que me envió, el Padre.

Nada hago por mí mismo, sino que según me enseñó el Padre, así hablo… porque yo hago siempre lo que le agrada.

Honro a mi Padre.

Yo y el Padre uno somos.

Lo que yo hablo, lo hablo como el Padre me lo ha dicho.

El Padre que mora en mí, él hace las obras.

El Padre mayor es que yo.

Para que el mundo conozca que amo al Padre, y como el Padre me mandó, así hago.

Yo he guardado los mandamientos de mi Padre, y permanezco en su amor.

No estoy solo, porque el Padre está conmigo.

¿Le parecen estas palabras las declaraciones de un hombre de mente independiente que decidió por sí mismo su propio camino en la vida?

Claro que no. Son las palabras de un niño. Un hombre… pero un hombre que había decidido subordinar su hombría al privilegio mayor de conducirse con el sometimiento de un niño.

UNA CONDICIÓN DE NIÑO ESCOGIDA VOLUNTARIAMENTE

Lo que es realmente sorprendente en estas proclamaciones de sumisión se evidencia cuando reconocemos que Jesús no se vio forzado a aceptar su papel en el drama divino que tuvo por resultado la salvación del mundo.

Jesús *escogió* actuar como Hijo.

Tuvo que *tomar la decisión* de someter sus caminos a la voluntad del Padre, lo mismo que la tenemos que tomar nosotros. Con esta decisión se tuvo que enfrentar, no una o dos veces, sino diez mil, una y otra vez, todo el día y todos los días… durante toda su vida en la tierra. No fue algo que «sucedió» sin más.

Deténgase un instante para permitir que lo maravilloso de todo esto penetre en su espíritu.

Señor, danos un corazón capaz de recibir esta increíble realidad como la verdad práctica y vivificante que puede ser… ¡todos y cada uno de nosotros!

¿Qué otra cosa es la oración del niño —aunque el modernismo deteste la palabra—, sino una oración de sumisión?

Jesús no era Hijo porque no tuvo más remedio. En medio de una mortalidad plenamente humana, *escogió* ser como niño. Cada vez que respiraba, que pensaba, que actuaba, estaba orando y viviendo de acuerdo con esa oración. Estaba diciendo: *Padre, ¿qué quieres que haga?*

Hay quienes querrían hacer de Jesús un ángel: un ser carente de libre albedrío. Me parece que si la mayoría de nosotros lo analizaran, hallarían en su mente un ser mitad hombre y mitad ángel en el papel central del relato de los evangelios.

Sin embargo, Jesús nació como hombre completo. Sin alas de ángel. Sin halo sobre la cabeza. Tenía un cuerpo físico y mortal. Tenía una voluntad humana. Se cansaba. Sudaba. Iba al baño. Se tenía que lavar el cabello, las manos y los pies. Su cerebro poseía capacidad para pensar. Tenía emociones, así que amaba, se irritaba con sus discípulos y se enojaba con los fariseos, y cuando se acercaba el momento de la cruz, sintió temor por aquello a lo que iba a tener que enfrentarse.

Lo más importante de todo, es que nació con un *libre albedrío* plenamente desarrollado, como cualquier ser humano.

No se trataba de un Hijo de Dios que resplandeciera en la oscuridad, y cuya condición de hijo le llegara de otra forma distinta a la forma en que nos debe llegar a nosotros. Era Hijo porque había *decidido* ser Hijo.

Ahora bien, es cierto que era Dios-hombre, el Hombre divino. Pero no debemos permitir que su divinidad oscurezca la totalidad de su hombría. No nos podemos imaginar que llevara consigo al pesebre de Belén una pequeña varita mágica para sacarla cuando las cosas se pusieran difíciles, o para asegurarse de que ningún pecado se le acercara más de la cuenta, o ninguna tentación lo mordiera de una forma demasiado profunda y peligrosa. No era un simpático angelito en forma de bebé el que María sostuvo en sus brazos; un ser *incapaz* de pecar a causa de su origen celestial. La enormidad de su condición de Salvador se halla en esto: en que es nacida de la hombría de alguien que *tomó la decisión* de ser nuestro Redentor. María sostuvo un *varoncito* envuelto en los pañales de la encarnación… *su* propio hijo, e Hijo también del propio *Dios*.

Entonces, Jesús creció en sabiduría, en estatura y a favor con Dios y con los hombres. Y mientras crecía, se iba humillando continuamente, vaciándose, viviendo a la altura de la expresión plena de su ser como hombre con libre albedrío.

«El cual, siendo en forma de Dios, no estimó el ser igual a Dios como cosa a que aferrarse, sino que se despojó a sí mismo, tomando forma de siervo, hecho semejante a los hombres; y estando en la condición de hombre, se humilló a sí mismo, haciéndose obediente...» (Filipenses 2:6-8).

En medio del afán por exaltarse a sí mismo, solo un mortal puede *escoger* el comportarse como niño.

Ningún ángel puede tomar esa decisión. Por eso, Dios no se limitó a enviar un ángel que anunciara su Reino. Envió a su Hijo para que nos mostrara cómo se vive en ese Reino.

Teníamos necesidad de algo más que escuchar el mensaje. Necesitábamos *verlo*. Necesitábamos saber que era posible hacer aquello; que la voluntad mortal del *yo* se podía someter realmente a Alguien superior.

Un ángel nos lo habría podido *decir*. Pero solo un hombre nos lo podía *mostrar*.

Por eso, Dios se hizo hombre.

No fingió hacerse hombre, ni se hizo hombre parcialmente... se hizo un hombre *real*. Con luchas reales. Con una voluntad real que quería salirse con la suya.

Es demasiado fácil comentar la humanidad de Jesús, pensando que a Él le era algo más fácil que a nosotros someter su voluntad. Pero a medida que fue creciendo y madurando, su voluntad se desarrolló plenamente como voluntad *humana*. *Quería* que las cosas fueran a su manera, lo mismo que usted y que yo. Y no hay pecado alguno en querer eso —porque es imposible evitarlo—, sino solo en escoger nuestros caminos por encima de los caminos de Dios. Para Jesús, el sometimiento de su voluntad no tuvo nada de automático. No tuvo una muerte fácil a sí mismo, ni le fue sencillo someterse, ni fue automático abandonar el dominio de su propio ser. Aquello no involucró «sangre, sudor y lágrimas» en un simple sentido figurado, sino la sangre *real*, el sudor *real* y las lágrimas *reales* de una hombría genuina.

No entró en la plenitud de su filiación de un solo golpe en Belén. Tuvo que *convertirse* en Hijo por medio del ejercicio de su libre albedrío, a fin de estar capacitado al final para entregar su vida por los pecados del mundo.

Lo más elevado siempre es dar

¿Qué hace que la vida dada a la humanidad sea tan exclusiva? El don de una *voluntad* libre e independiente. Esa voluntad es la cosa más profunda y fuerte que hay en el hombre; es el eslabón que nos une con Dios mismo.

Piense en lo que hizo Dios. Creó unos seres que eran *como* Él, pero *separados* de Él. Tan separados, en realidad, que eran capaces de tomar la decisión de caminar o *no* caminar en comunión con Él.

Sencillamente, el libre albedrío es el aspecto más destacado de toda la creación. Es la única cosa que es realmente nuestra, totalmente nuestra. Porque Dios, al habérnoslo dado, en cierto sentido ha atado las manos de su propia omnipotencia, para no interferir en él. Lo que cada uno de nosotros hace con esta posesión de incalculable valor, es el gran drama de la eternidad.

Por supuesto, entonces surge esta pregunta: ¿Cuál es la cosa más elevada que uno puede hacer con el libre albedrío que le ha dado Dios?

Yo sostengo que es esto: entregarlo.

Porque lo más elevado siempre es *dar*. Por eso, el amor que llega más lejos es el que comprende el sacrificio. Dar con la mayor profundidad siempre significa que uno se debe entregar a sí mismo: «Porque de tal manera amó Dios al mundo, que *ha dado*» (Juan 3:16).

¿Cuál es la cosa más elevada
que uno puede hacer con el libre
albedrío que le ha dado Dios?

Dar, ceder, entregar, abandonar incluso… estos son los ingredientes de las formas más elevadas de amor que conocemos.

Volvemos, entonces, a la voluntad. No solo cualquier «voluntad», una voluntad abstracta… sino *su voluntad y la mía*. ¿Qué es lo más elevado, lo más profundo, lo máximo que podemos hacer con nuestra voluntad?

Cederla… abandonarla… sacrificarla… y *devolvérsela* a nuestro Creador y Padre, que fue quien nos la dio.

Sabemos que esto es lo más elevado, porque exactamente un sometimiento así de la voluntad humana es lo que presenciamos en la vida de Jesús.

La libertad para decidir puede tomar cualquiera de los dos caminos

Tal vez, lo que implica el hecho de decidirse a actuar como hijo —*Padre, ¿qué quieres que haga?*— sea más grande de lo que pensamos la mayoría de nosotros.

Si es cierto que podemos escoger, que tenemos un albedrío completamente *libre*... entonces, los resultados de cualquier decisión pueden tomar cualquiera de los dos caminos. Siempre hay dos respuestas posibles: sí o no.

Piense en lo que esto significa. Cuando Jesús vino a la tierra, sus decisiones también habrían podido tomar cualquiera de esos dos caminos.

La salvación no estuvo asegurada hasta que Jesús dio su último suspiro y entregó su mortalidad. En cierto sentido, durante treinta y tres años, podemos decir que el destino de la salvación del mundo estaba puesto en los platillos de la balanza.

¿Estoy diciendo que Jesús *pudo* haber fallado?

¿Acaso suena casi a blasfemia esta pregunta?

No tengo miedo de hacer este tipo de preguntas, porque profundizan más en la realidad de la oración de niñez. Si no estamos dispuestos a hacer que esa oración sea real, dolorosamente real, despojándola de todo comentario piadoso, entonces lo mejor es que no la hagamos. La vida espiritual, o es una realidad, o es una farsa.

Padre, ¿qué quieres que haga? Esta pregunta carece de sentido, a menos que nosotros tengamos una voluntad propia que se pueda oponer a la del Padre; de hecho, suele *estar* opuesta a ella.

La oración de niñez no tiene sentido, a menos que haya realmente una *voluntad propia* y una *voluntad del Padre*... y a menos que exista la libertad que nos permita escoger una de las dos.

Jesús era hombre, y tenía una voluntad humana en pleno funcionamiento. Por definición, esto significa que, hasta llegar a la misma cruz, su propia voluntad personal humana se mantuvo viva. En cualquier momento le habría podido decir a su Padre: «Ya no quiero seguir más tu voluntad... Olvídalo... Voy a andar por mi cuenta desde ahora mismo».

Por tanto, yo creo que Jesús habría podido fallar. No *tenía* que escoger la voluntad del Padre. El que lo hiciera, y lo hiciera de una manera perfecta, hace más valiosa aun la condición de Salvador de su condición divina de Hijo.

Jesús ganó su filiación al escoger la obediencia... al escoger la sumisión. Así mismo debe suceder con nosotros.

La muerte a sí mismo como motivación

Es imposible hacer la oración de niñez sin que nuestra voluntad quiera la voluntad de Dios; sin que ejercitemos nuestra propia voluntad que toma decisiones y se forma actitudes para *escoger* de manera consciente la voluntad de Dios en lugar de la nuestra. Hacer esa oración, y ser sincero al hacerla, involucra nada más y nada menos que la muerte a sí mismo como motivación: la muerte a todo lo que nuestro yo haría, querría o pensaría.

La pregunta «Padre, ¿qué quieres que haga?» implica: «Muero a todo lo que *yo mismo* haría. Entrego voluntariamente todo lo que representa *mi* voluntad, no solo ahora, hoy, sino para siempre. En lugar de todo esto, tomo *tu* voluntad en lugar de la mía». Así es cómo la vida de Cristo se convierte en nuestra también.

George MacDonald escribe lo siguiente:

La vida de Cristo es esto: que Él no hace nada, ni le importa nada para sí mismo, porque lo que le importa con toda el alma es la voluntad y el agrado de su Padre. Porque su Padre es su Padre, Él quiere ser su hijo.

Amando a su Padre con todo su ser… se ha ganado el poder para despertar la vida, la sombra divina de su propia vida, en los corazones de sus hermanos y hermanas, que proceden de la misma casa natal que Él, es decir, del corazón de su Dios y nuestro Dios, su Padre y nuestro Padre…

Jesús se alzó de inmediato hasta la altura de su ser, se sentó en el trono de su naturaleza, en el acto de sujetarse a la voluntad del Padre como único bien suyo, única razón de su existencia… Cerró y mantuvo el eterno ciclo de su existencia al decir: «¡Hágase tu voluntad, no la mía!». Se hizo lo que es, muriendo en la voluntad del Padre eterno, por medio de la cual Él era el Hijo eterno, sumergiéndose así en la fuente de su propia vida, la Paternidad perdurable.

Esta vida, que Jesús escogió por voluntad propia, es lo que hace que esa vida —la vida eterna, la vida verdadera— sea posible; digo mal: imprescindible, esencial para todo hombre, mujer o niño…

No hay vida para ser humano alguno, que no sea la que Jesús tenía; su discípulo debe vivir con la misma entrega absoluta de su voluntad a la del Padre[1].

EL SUSURRO

La forma en que todo esto se convierte en realidad es muy práctica, y también muy difícil.

Todos los días nos llega la oportunidad de hacer la oración del niño; con cada decisión a la que nos enfrentamos, con cada actitud que se desliza en nuestro cerebro. Pero no quisiera convertir esto en algo trivial, insinuando que debamos orar diciendo: «Dios mío, ¿quieres que vaya hoy a la escuela?» «¿Quieres que sea fiel a mis obligaciones?» «¿Quieres que haga mi trabajo?» «¿Debo ser generoso con las personas que encuentre?» en las páginas de su Palabra, Él ya nos ha mostrado claramente su voluntad acerca de la forma en que nos debemos conducir. No tenemos que orar acerca de si debemos cumplir nuestras promesas, hacer con diligencia nuestro trabajo, ser generosos, o perdonar a alguien que nos ha hecho daño.

La oración de niñez se produce cuando realmente no sabemos qué debemos hacer; cuando necesitamos que nos guíen en específico acerca de la decisión que debemos tomar, el curso de acción que debemos seguir, o cuál alternativa escoger entre varias. Cuando no tenemos delante una orientación bíblica clara, entonces la oración «Padre, ¿qué quieres que hagas?» se vuelve muy práctica por cierto. Después llega el momento de estar callados y escuchar el susurro con el que nos responde el Padre.

No es fácil detectar su voz. Hacen falta años de práctica para distinguirla de muchas voces falsificadas por medio de las cuales habla la carne en tonos piadosos y elevados, fingiendo que habla a nombre del Espíritu. Las motivaciones de nuestro astuto yo se van a disfrazar con mil máscaras diferentes para convencernos de que es el Espíritu de Dios el que habla, cuando en realidad la voz procede de la carne, con su autocomplacencia.

De vez en cuando es posible que ambas voluntades señalen en la misma dirección. Sin embargo, es probable que no lo hagan con tanta frecuencia como nos gustaría creer.

Los momentos más críticos de niñez que caracterizan en gran medida nuestro caminar con Dios se producen cuando la voluntad del Padre y la del hijo no señalan en la misma dirección, sino que se lanzan la una contra la otra. De esa lucha es de la que nace la niñez más profunda.

Tenga mucho cuidado, amigo mío, cuando la voz que parece estar oyendo confirma lo que usted mismo quiere. *Es posible* que se trate de la voz del Señor. Pero cuando el Espíritu habla de una forma tal que lleva a la crucifixión de la carne, su carne se va a resistir con uñas y dientes, y va a hacer cuanto esté a su alcance para impedir que usted escuche ese susurro. Vea lo que les dijo Jesús a los que querían ser discípulos suyos: «Si alguno quiere venir en pos de mí, niéguese a sí mismo, y tome su cruz, y sígame» (Marcos 8:34).

Hace años, se nos presentó la oportunidad de comprar un negocio de venta al detalle ya establecido. En el momento que lo supe, mi adrenalina comenzó a funcionar, porque representaba unas grandes posibilidades dentro de los planes de expansión que yo tenía. Sería una adquisición de importancia que extendería notablemente el alcance de nuestro negocio, y casi duplicaría nuestro volumen de ventas. Quería aquella tienda con tanto ardor, que casi podía saborearlo.

Los momentos más críticos de niñez que caracterizan en gran medida nuestro caminar con Dios se producen cuando la voluntad del Padre y la del hijo se lanzan la una contra la otra.

Así que, incluso mientras comenzaba a orar diciendo: «Señor, ¿cuál es tu voluntad? ¿Qué quieres que hagamos?», en el fondo de mi mente ya estaba preparando una oferta de compra.

¿Se da cuenta de la forma tan sutil en que mi carne se infiltró hasta en medio de mi oración? Sí, estaba orando, pero orando en la dirección que *yo* quería.

Me hallaba exactamente en esa posición peligrosa de la que hablé antes. Todo parecía indicar que estaba buscando la dirección de Dios. Pero mis propias motivaciones y mi propia voluntad adquirieron un ímpetu tal que, de haber tenido el Señor una idea diferente, no estoy seguro de que su susurro habría sido capaz de abrirse paso, ni poniéndome un megáfono en el oído. Además, los megáfonos no suelen ser el método que Dios usa. Es muy raro que Él nos imponga su voluntad a base de pelear con la nuestra en una competencia de gritos. Nos deja que escojamos.

En realidad, lo que estaba buscando no era tanto que Dios me guiara, como que *confirmara* algo que yo quería. Cuando lo que buscamos es una confirmación, no nos es difícil darles un giro a las circunstancias y a los sucesos diarios para hacerlos indicar prácticamente cualquier cosa.

Al recordar aquellos momentos, no estoy seguro de quién estaría hablando a través de las diversas «señales» que parecían confirmar que debíamos seguir adelante con aquella compra; si se trataba de Dios, o de mi propia voluntad.

Así que seguí adelante, presenté una oferta y me puse a esperar la compra con visión de futuro, firmando un gran pagaré a largo plazo por la mitad del precio de compra.

No digo que Dios me *estuviera* guiando, o *no*. En realidad, no estoy seguro. En muchos aspectos de mi vida, el paso de los años revela mi carne con una claridad cada vez mayor. Hay muchas circunstancias del pasado que miro con unos ojos algo menos inclinados a espiritualizar lo que veo. Pero tampoco me siento ansioso por echar a un lado las ocasiones en las cuales Dios se ha movido realmente y me ha revelado la forma en que me quería dirigir, porque hacerlo sería un error tan grande como el contrario. En estos tiempos, estoy tratando de ser sincero conmigo mismo y con el Señor, y por tanto, también con usted.

Mi única conclusión acerca de esta transacción, es que tomé como respuesta de Dios la misma cosa que yo quería de todas maneras. Cualquiera, sin ser cristiano, o sin orar en absoluto, habría podido llegar a esa misma decisión. No había nada exclusivamente cristiano en lo que hice. No había nada que distinguiera mi actuación de lo que hace la gente en el mundo todos los días cuando compra y vende negocios. Sí, oré, pero no había evidencia alguna de *niñez* ni en mi oración, ni en mi decisión de seguir adelante, porque me mantuve dentro de *mi* voluntad. En ningún momento me salí de mi propia voluntad para entrar en la de *Dios*.

Tal vez la consecuencia fuera que las cosas no marcharon tan bien como yo esperaba. Al cabo de pocos años comencé a reconocer que lo que quería el Señor no era la expansión de nuestro negocio. Fue doloroso darme cuenta de esto. No podía prever lo que Él tenía en el horizonte, relacionado con mis escritos. Todo lo que sabía, era que me estaba indicando que redujera el negocio. En aquellos momentos, la voz estaba junto a mi oído, y la estaba escuchando, de manera que comencé a sentir la tensión entre mi propia voluntad y el «Padre, ¿qué *quieres* que haga?» Por fin estaba aprendiendo lentamente lo que era ser niño.

Por esto, varios años después de la compra, vendimos aquella tienda, que se había convertido en el centro de todo nuestro negocio. En aquellos momentos todavía permanecía sin pagar un fuerte porcentaje del precio original en el documento firmado con los dueños originales, y nuestro comprador lo asumió al hacerse cargo del negocio. Nosotros también debíamos recibir una parte notable del nuevo precio de venta.

Al cabo de dos años bajo los nuevos dueños, el negocio fracasó. Ellos no cumplieron con sus compromisos, nos echaron la culpa de su fracaso, y después de agotar casi todos los recursos que tenía el negocio, dejaron de pagarnos y cerraron las puertas. Nos dejaron con un desastre económico en las manos.

¡Entonces sí que comencé a orar de veras! Era demasiado tarde para salvar la tienda. En mi desesperación, mi súplica se convirtió ahora en un «¡Señor, ayúdame!»

Mi carne se imaginaba todo tipo de escenarios, legalidades y pleitos en los tribunales para justificar el negarnos a pagar deudas que técnicamente no habrían debido ser nuestras. Ya para entonces estaba tan abatido, que escuchaba con toda claridad el susurro de Dios. Sus palabras eran: *Cumple con tus obligaciones. No luches. Ríndete.*

Nunca he detestado tanto la respuesta a una oración.

Mi carne no quería marcharse. Quería pelear, defender nuestros derechos, asegurarme de que todo el mundo supiera que se habían aprovechado de nosotros. Y ciertamente, no quería tener que empezar a pagar de nuevo lo que les debía a los dueños originales por haber fallado nuestros compradores, especialmente entonces, que ni siquiera quedaba en pie un negocio que nos diera para pagarles.

Ceder habría hundido el resto de nuestros negocios, y tal vez nos habría enviado a la bancarrota. Tal parecía que hacer lo que me parecía que el Señor me decía que hiciera, sería lo mismo que firmar la sentencia de muerte de todo lo que habíamos estado levantando durante más de diez años.

Pero me seguía llegando la misma respuesta: *Déjalo. Sé fiel. Aléjate... y confía en mí.*

Lo cierto es que a mi carne no le agradaba aquello. Ahora sí que estaba conociendo el precio de la oración de niñez. ¿Hasta qué punto estaba dispuesto a ser niño? Mi carne llegó pateando y chillando hasta el altar, buscando cuanta excusa se le ocurriera para dejar intacto un poco de mi orgullo, y también un poco de nuestro dinero… justificaciones… argumentos legales… todo lo que hay en ese libro llamado *No es justo*.

«Padre, ¿qué quieres que haga?» Aquello se había convertido en una oración en la cual mi carne y la voluntad del Padre entraban en un abierto contraste. *Mi* voluntad y la voluntad de *Dios* señalaban ahora en direcciones opuestas. El emocionante triunfo de haber comprado aquel negocio varios años antes se había convertido en un momento de Getsemaní. Con frecuencia, mi oración de niñez sonaba así: «Dios mío, yo no quiero hacer esto. Por favor, dame otra salida».

Cuando llegó el momento de abandonarlo todo, y por fin dije: «Muy bien, Señor, voy a dejar mi voluntad en el altar, para hacer lo que tú dices», no se trató de un momento de victoria. No puedo almibarar la experiencia; fue un doloroso momento de muerte. Me dolió. Dentro de mí, murieron muchos sueños, muchas metas y esperanzas, mientras abandonaba por fin en las manos de Dios lo que yo quería. Sabía que incluso si sobrevivía nuestro negocio, pasarían años antes que saliéramos de la deuda. Pero todo lo que me correspondía era entregárselo, decir: «Toma, Señor, esto es todo tuyo ahora» y seguir pagando las deudas, aunque ya no estuviera recibiendo ingresos de aquella tienda.

¿Por qué me fue tan difícil poner aquellas cosas en el altar? No lo sé. Tal vez por mi orgullo. Fue una agonía hacer aquella oración. Lloré por ella. Sin embargo, de ella aprendí algo acerca de la oración de niñez que tal vez no habría podido aprender de ninguna otra forma. Dios lo sabe. No hago un gran

Todas las oraciones de renuncia son diferentes. Las mías de aquel día no eran motivadas por ninguna cruz cercana. No derramé lágrimas ni gotas de sangre al decir: *No se haga mi voluntad, sino la tuya*. En realidad, fue un día muy lleno de paz y de un callado gozo. Sin darme cuenta de toda la importancia que tenía lo que decía, estaba renunciando a mi derecho de decidir el curso de mi propia vida. ¿Acaso no consiste en eso la oración de renuncia; en entregar el derecho a gobernar y decidir?

Nunca he vuelto a tener la misma sensación de que el Espíritu Santo estaba orando «a través» de mí, moviéndome a orar como ni siquiera sabía que necesitaba orar. No tengo intención alguna de insinuar que aquello se produjera en medio de una elevada espiritualidad. Todo fue muy realista, como suelen ser las cosas más importantes de Dios. Mis amigos y yo seguimos con nuestras conversaciones de vez en cuando, riéndonos y hablando. Ellos no sabían nada de lo que se estaba moviendo en mi mente y mi corazón. Pero yo podía sentir que poco a poco me estaba vaciando de mí mismo.

Sin darme cuenta de toda la importancia que tenía lo que decía, estaba renunciando a mi derecho de decidir el curso de mi propia vida.

Fue una experiencia única en todo lo que llevo de vida. Al acabar la tarde, me sentí ligero. Le había entregado a Dios cada una de esas preocupaciones, oportunidades y personas. Y sabía con toda certeza que era Él quien las tenía ahora, y que ya yo no me estaba aferrando a ellas, ni llevándolas conmigo. Quería que Dios fuera quien tuviera el control de todo.

Me sentía bien… liberado.

Había orado con deseo y entusiasmo, diciendo: *No se haga mi voluntad. Haz tu voluntad en mi vida.* No estaba ofreciendo resistencia. No tenía los talones clavados en el suelo para evitar el dolor de la cruz. Había ido al altar *deseoso* de librarme de aquellas cargas.

Pero había una pequeña trampa.

Detrás de mis oraciones estaba la suposición de que el Señor las respondería dándome lo que yo quería. En otras palabras, mientras decía *No se haga mi voluntad*, quería que Dios se asegurara de que conseguía el trabajo… que las relaciones metidas en problemas se resolvieran felizmente… y que Él estableciera a la perfección diversas circunstancias más de mi futuro, a mi total y completa satisfacción.

No sé si usted lo hace, pero yo lo hago todo el tiempo; muchas veces, creo que ni siquiera me doy cuenta. Oro diciendo: «Señor, te entrego esta situación», pero en realidad lo que quiero es que Él la resuelva con el menor grado posible de incomodidad para mí.

Cuando nos hallamos metidos en una estrechez económica, oro diciendo: «Señor, pongo esta crisis en tus manos». En realidad, lo que estoy diciendo es: «¡Danos dinero!».

Tal vez orar para pedir dinero sea exactamente lo que se debe hacer en ciertas circunstancias. Lo he hecho muchas veces. Pero seamos sinceros con Dios y con nosotros mismos, y oremos así: «Señor, necesitamos dinero. Por favor, súplenos».

Para entregarle de verdad una situación y ponerla por completo en sus manos, tenemos que decir: «Haz tu voluntad, aunque eso signifique que *no* nos suplas el dinero».

En otras palabras la oración de *no mi voluntad* es una oración muy, muy diferente a la de *Señor, te ruego que suplas*. Ambas son válidas e importantes en la vida del discípulo... pero son muy distintas.

Así que aquel día, mientras oraba en mi ansioso y juvenil celo, ¿estaba renunciando realmente a cada una de esas situaciones, circunstancias y relaciones, vaciándome de verdad y *poniéndolas* en las manos de Dios? ¿O en el secreto de mi interior estaba diciendo: «Señor, yo no he logrado hacer que estas cosas funcionen, así que te las entrego a ti para que las hagas funcionar... *pero asegúrate de hacerlas funcionar con unos resultados satisfactorios para mí*».

Pero el Señor aceptó mi palabra, y me alegro de que lo haya hecho.

LA BOLA DE BOLEAR DE DIOS

Cuando llegamos a Alemania, de vuelta a la granja, al día siguiente me estaba esperando un saco lleno de correspondencia. Al parecer, la mitad de las cartas, escritas una semana, dos semanas, y en algunos casos tres semanas antes, contenían soluciones concretas y definidas a las situaciones que yo le acababa de entregar al Señor veinticuatro horas antes. Las respuestas habían estado en camino mucho antes que yo orara.

Pero en todos los casos, la respuesta era negativa.

Dos cartas representaban un empeoramiento de unas relaciones destrozadas. El dolor que sentí en el corazón al leerlas me cortó las entrañas como un cuchillo. Otra me notificaba que no recibiría el trabajo que había pedido. Otra, creo, tenía que ver con mis planes de seguir estudiando. Ni siquiera recuerdo todos los detalles; solo que me sentí destruido por completo.

Le había entregado mi futuro al Señor, y Él lo había tomado… ¡se lo había llevado!

La imagen más clara que me viene a la mente para describir ese momento es imaginarme todos los elementos de mi vida dispuestos como los bolos en una bolera. El día anterior, sin saberlo, yo le había entregado la bola al Señor. Y Él la había lanzado para dar un golpe perfecto. Podía sentir y oír el golpe de los bolos mientras caían en todas las direcciones a mi alrededor.

Salí tambaleando de la casa de la granja y me fui caminando a los campos; la pizarra de mi vida había quedado limpia de repente. Devastadoramente limpia, como si la hubiera alcanzado el fuego de un horno. El futuro acerca del cual había estado orando el día anterior… se había desvanecido sin dejar rastro. Se había ido. Todo lo que sentía era vacío.

Sin embargo, mientras me sentaba en el borde de piedra de un pequeño puente que cruzaba un arroyo a alguna distancia de la casa, hubo algo nuevo que me comenzó a invadir lentamente. Se trataba sencillamente de la presencia de Dios y de un agudo sentido de su amor por mí. Me comenzó a llenar una paz nueva, más profunda y más amplia que la que había sentido el día anterior. Ahora sí que estaba en las manos de Dios. ¡Por completo!

¿Había orado en realidad para pedir algo que no quería?

No. Porque incluso entonces, lo que quería más que nada en el mundo, es ser un hombre del Señor. Si eso significaba que se fueran al suelo todos los bolos para que Él me pudiera llevar por caminos que aún no podía ver, entonces claro que lo quería, con dolor y todo. Tal vez mi oración del día anterior hubiera estado llena de ingenuidad juvenil. Tal vez no hubiera previsto las consecuencias. Sin embargo, las palabras *Te entrego todas estas cosas* representaban realmente el anhelo de mi corazón. Creo que por eso, Dios me llevó a decirlas, y por eso las respondió como lo hizo. Al yo decirle: «No se haga mi voluntad; que se haga *tu voluntad* en mi vida, Señor», le estaba dando la oportunidad de establecer mi futuro dentro de la senda de sus designios. De qué forma tan amorosa, aunque dolorosa por un tiempo, Él trató conmigo. Y qué agradecido estoy por esa experiencia.

¿Recuerdo con amargura el que la bola de bolear de Dios derribara por todas partes los bolos de mis circunstancias? Ni por un instante. La voluntad de Dios es una voluntad buena. No regresaría a levantar uno solo de aquellos bolos, aunque pudiera hacerlo. Los caminos del Dios siempre son los mejores caminos.

Al cabo de semanas solamente, descubrí que se abrían nuevas posibilidades; primero dentro de mi corazón, de unas formas nuevas y maravillosas que me llevaban hacia Dios mismo. Y entonces, con el tiempo, como siempre hace, comenzó a guiarme lentamente hacia ese futuro acerca del cual yo había estado tan preocupado.

Pero a partir de aquellos momentos, caminé por unas sendas muy distintas a las que yo habría podido prever… porque ahora mi futuro era *suyo*.

CINCO

LA ORACIÓN

DE MUERTE

«Dios mío, Dios mío, ¿por qué...»

Cuando Jesús salió del huerto, su camino había sido fijado. Dejó su yo en aquel suelo pedregoso que se había convertido en el altar de su renuncia. Ahora, todo lo que le quedaba era obedecer. En la obediencia que siguió, su condición de Hijo se perfeccionó, y se ganó la salvación del mundo.

Lo esperaba una prueba final para su hombría.

¿Qué dice? ¿Soportar la agonía de la cruz?

Pues no. Muy bien podría ser que la cruz, como tortura puramente física, no fuera la mayor agonía del Señor. Los hombres poseen en su carne una increíble capacidad para soportar el sufrimiento. Antes que Jesús, otros hombres habían sufrido la cruz. Más tarde, muchos serían quemados en la hoguera y sufrirían cosas peores en su nombre. Aunque no hubiera sido el Hijo de Dios, Jesús había podido soportar la cruz como simple hombre.

No le quiero quitar importancia a ese sufrimiento. Era una terrible agonía física, realmente inconcebible, inventada por los romanos como la forma de morir más cruel que podía idear la torcida mente del hombre en su depravación. Nuestra imaginación no puede ni suponer lo que debe haber sido. Tampoco podemos pensar que aquel tormento fuera menor para Jesús, por ser el Hijo de Dios. Su divinidad no disminuyó el dolor en ningún sentido.

Con todo, es posible que aquel tormento físico no fuera la prueba mayor para el Señor.

La agonía más profunda

Ciertamente, el sufrimiento de Jesucristo se remontó a su punto más terrible cuando su *voluntad*, que había triunfado en el huerto, se comenzó a hundir en el desespero de las tinieblas y se sintió... sola.

Hasta entonces, en todos los momentos de su vida, Jesús había sido consciente de la presencia de su Padre. En el desierto, al enfrentarse a Satanás, la presencia del Padre estaba con Él. En el huerto, fortaleciéndolo mientras su voluntad quedaba aplastada bajo el peso de lo que se avecinaba, aquella presencia estaba con Él. Hasta la cruz, seguía existiendo un elemento de la condición del ser humano que Jesús aún no había experimentado: no había sentido lo que es *no saber si Dios está presente*. Nunca había estado lleno de esa perplejidad humana universal de mirar hacia arriba y sentir que los cielos estaban *vacíos* encima de Él. Así, tal como les había dicho a sus discípulos la noche anterior que era mejor para ellos que Él se fuera, tal vez el Padre también tendría que retirar su presencia durante las horas de mayor desolación de su Hijo en la cruz, para que este pudiera apurar hasta las heces la copa de su humanidad. Y para los sentidos del Hijo perfecto, que nunca había estado sin el Padre, el horror de la soledad debe haber sido realmente terrible.

Sus amigos huyen. El enemigo le susurra de nuevo al oído de su atormentado cerebro. Y ahora, hasta la presencia misma del Padre se aleja, se calla y lo deja solo.

¿Qué va a hacer Jesús?

Al final, como el ser humano siempre ha estado tentado a hacer en su hora más oscura, ¿va a maldecir a Dios y morir? ¿O, ejemplo nuestro hasta el final, va a ejercitar su voluntad incluso en las tinieblas y la soledad más abyectas, y levantarse para ir al Padre?

Gracias a Dios, sabemos la respuesta.

Jesús se levanta y va hacia Dios.

El triunfo final

Hasta en su clamor de «Dios mío, Dios mío, ¿por qué me has abandonado?», que algunos leen como una rendición final, yo leo un majestuoso grito culminante contra las mentiras de Satanás.

En medio de la desolación de Cristo, cuando nos debemos imaginar que ha desaparecido incluso su esperanza, cuando su antiguo lugar junto al Padre debe haber parecido un obsesionante espejismo que nunca había existido, cuando se preguntaba si no se habría estado engañando a sí mismo durante toda su vida, pensando que todo cuanto había dicho y hecho, y para lo cual había vivido, era en vano… aun entonces, clamó a Dios.

Su Dios seguía siendo su Dios. Aun al abandonarlo, no dejaba de ser su Dios. Jesús aún se volvía a Él en su clamor.

¡Aléjate de mí, Satanás! Aunque el Padre me abandone, seguiré confiando en Él.

De esta forma, incluso en lo que le parece un abandono, el Señor resume su voluntad clamando con la forma más pura de fe: una fe que se ejercita cuando no queda sentimiento ni razonamiento alguno para apoyarla y sostenerla. Ha triunfado sobre la vida, sobre Satanás, sobre su propia humanidad. Ahora, en la cruz, triunfa incluso sobre la soledad.

No va a maldecir a Dios y morir. En lugar de hacerlo, va a clamar a Dios y morir; morir poniéndose como siempre hasta el fin, en las manos del Padre en el cual confía.

En una ocasión, una lectora me escribió una carta de condenación acerca de una de mis novelas, porque un personaje principal de ella, un ministro, había luchado con diversos elementos de las creencias doctrinales. Según ella, los lectores necesitan autores que compartan su fe, y no sus dudas.

Aunque el Padre me abandone,
seguiré confiando en Él.

Me quedé preguntándome qué hace ella cuando en la lectura de la Biblia llega a los libros de Job y Eclesiastés, o qué piensa de los gritos que salen del corazón del salmista en medio de su desesperación. O qué piensa cuando lee este clamor que salió de los labios del Señor en la cruz:

«Dios mío, Dios mío, por qué…?»

Porque los hombres y mujeres de Dios sinceros, e incluso Jesús mismo, claman al Padre en medio de sus preguntas y dudas, es por lo que sus oraciones nos llegan tan adentro y nos ayudan a atravesar nuestras propias temporadas de tinieblas.

Las dos últimas expresiones que salen de los labios del Señor según Marcos y Lucas, en mi mente no las puedo leer sino como una sola: como un majestuoso grito final de una muerte confiada.

«Dios mío, Dios mío, ¿por qué me has abandonado? Con todo, en tus manos y solo en ellas entrego mi espíritu».

EL EJERCICIO DE NUESTRA PROPIA VOLUNTAD EN FE

Es realmente fácil mirar a Dios, regocijarse en Él, y dar testimonio de su bondad cuando brilla el sol y soplan en nuestra mente unas fragantes brisas que les dan vigor a nuestros pensamientos y acciones. Cuando los sentimientos y las sensaciones espirituales están por las alturas, es fácil mirar hacia arriba, sentir que Dios está en los cielos, y decir con una sonrisa y un corazón lleno de alabanza: «Dios mío». Aun en ciertos tipos de pruebas y dolores, o cuando el fracaso agita los nervios y los sentidos para que se consagren de nuevo a los principios de Dios, puede ser relativamente fácil mirar hacia Dios y confiar en que Él nos dará un nuevo amanecer. Porque cuando permanece la esperanza, se puede orar para pedir la fortaleza que nos permita soportar la situación.

Pero cuando su Presencia parece estar ausente de los cielos; cuando no hay susurro que responda a las palabras de nuestra oración; cuando todos los sentimientos, toda la fortaleza y toda la esperanza se desvanecen en la oscuridad; cuando la depresión, el desaliento, el abatimiento y el desespero se tragan el corazón, el alma y la mente… entonces, ¿qué?

Cuando el mismo Dios parece haberse marchado… entonces, ¿qué?

Entonces, ¿qué está pasando? Que es hora de ejercitar la *fe*. La fe que no puede *ver*… pero que *decide* creer, se levanta, acude al Padre y clama: «*¡Dios mío!*»

Es corriente que se entienda erróneamente que experimentamos la espiritualidad en su punto más alto cuando Dios se está moviendo dentro de nosotros, agitándonos, impulsándonos, dirigiéndonos y guiándonos hasta las alturas del fervor y la actividad espirituales. Este error está muy extendido en la Iglesia occidental de hoy. En la realidad, presenciamos una gran lección práctica en esta última gran prueba de la vida del Señor, que la convierte en componente integral de la oración de semejanza a Cristo: *También es posible que Dios parezca apartar su mano de nosotros.*

No para probarnos. No para hacernos pasar por pruebas de sufrimiento a fin de hacernos fuertes, aunque es cierto que produce ese efecto. No porque no quiera que seamos felices. Y no porque no piense sacar el bien de todas las cosas.

Él lo hace para darnos la oportunidad de ejercitar nuestra voluntad en esa forma de fe, la más pura de todas, que manifestó el Señor en la cruz: para ir a Él *sin* impulsos internos, motivaciones ni emociones; para ir a Él aunque el cielo que tenemos encima *parezca* vacío y callado; para ir a Él totalmente dentro de nuestra *propia* voluntad.

No porque seamos llevados a hacerlo… sino sencillamente porque Él es nuestro Padre.

No por las bendiciones que va a derramar sobre nosotros… sino sencillamente porque Dios es nuestro Padre.

No en medio del regocijo por las maravillas de la vida cristiana y las respuestas a la oración… sino, en medio de la oscuridad y la soledad, acudiendo a Dios sencillamente porque Él es nuestro Padre.

Hudson Taylor, el gran misionero de China, comentaba al final de su vida que a medida que pasaban los años, era como si cada vez sintiera menos la presencia de Dios, y se le exigiera más en cuanto a fe pura y obediencia.

Esta es la forma más elevada de la fe: la fe que no *siente*, no *ve*, no *espera*, no *conoce* y no *experimenta*. Cuando todos nos abandonan, y tal vez por un tiempo, nos abandona hasta el mismo Dios, la fe nos sigue exigiendo que nos levantemos con Jesús para ir a nuestro Padre.

Cuando los sentimientos nos abandonan, cuando nos abandonan las respuestas a nuestras oraciones, cuando nos abandona la voz de Dios, cuando nos abandona el deseo de adorar, cuando nos abandona el hambre por la Palabra de Dios, cuando nos abandonan las bendiciones, cuando nos abandona el anhelo de ser como Cristo, cuando nos abandona la oración, cuando nos abandona la gratitud hacia Dios, incluso cuando nuestra propia voluntad parece abandonarnos, y nos consumimos con el *yo* rastrero, malvado y miserable de nuestro hombre viejo… aun entonces, clamar «¡Dios mío!» e ir a Él, sencillamente porque es nuestro Padre.

Por supuesto, Él nunca nos abandona más de lo que abandonó a Jesús aquel día. Tal vez sea una forma pobre de expresarme, pero la uso aquí, porque es la palabra que Jesús usó en la oración de muerte. Tal vez «parece abandonar» sería la forma correcta que deberíamos utilizar.

---

*Cuando todo nos abandona,
la fe nos sigue exigiendo que nos levantemos
con Jesús para ir a nuestro Padre.*

Esta es la impresión que me da la bancarrota de las enseñanzas actuales basadas en las bendiciones de Dios. ¿Qué van a hacer los creyentes a los que les han enseñado todas estas cosas cuando el chorro de «bendición» cese de fluir; cuando las experiencias espirituales ya no nos vayan llevando encima de su oleada y las evidencias de la presencia de Dios se sequen?

Se van a hallar incapacitados para los tiempos que nos esperan; perezosos engordados con las suculentas comidas de las bendiciones, en lugar de ser guerreros fuertes y vigorosos preparados para las batallas que con toda certeza se le vienen encima al pueblo de Dios. En realidad, la fe que se basa en las *bendiciones* de Dios y no en la *confianza* en Él, no es tal fe. Porque recuerde: «La fe la certeza de lo que se espera, la convicción de lo que no se ve» (Hebreos 11:1).

Por consiguiente, la pregunta vital es esta: La adoración, las bendiciones, las experiencias, las sanidades, la alabanza y el recuerdo de los momentos espiritualmente emocionantes, ¿han inculcado *fe*? De hecho, muy bien podría ser cierto que la verdadera fe que nos asemeja a Cristo estuviera totalmente ausente de una vida que parece desbordar de bendiciones visibles procedentes de Dios. Tenga mucho cuidado en cuanto a qué y a quién venera usted en el Señor. No siempre es obligatorio honrar a aquellos cuya vida parece ungida con una «bendición» visible. Honre más bien a los veteranos espirituales de la *fe* legítima, que es la capacidad de confiar en Dios en medio de las tinieblas.

Siempre habrá algún momento en el cual se seque el chorro de las bendiciones. Sencillamente, es falso enseñar las cosas de otra forma. Dios sí bendice a quienes le obedecen, pero no siempre con las bendiciones sobre las cuales enseñan muchos equivocadamente. Su anhelo mayor es que lo *conozcamos*. El «conocimiento» que viene solo por medio de las bendiciones es escaso. Por eso, al final, Él siempre lleva a la cruz a aquellos que quieren conocerlo de verdad, para que ejerciten su voluntad junto con Jesús en la pureza de la fe.

CUANDO TODO HAYA DESAPARECIDO... «¡DIOS MÍO!»

George MacDonald lo explica así:

> Mientras no tengamos nada que decirle a Dios, nada que hacer con Él, si no es en el resplandor de la mente cuando lo sentimos cercano, seremos unas pobres criaturas, dominadas, pero sin voluntad propia; cañas, tal vez cañas florecidas y agradables a la vista, pero solo cañas mecidas por el viento; no seremos criaturas malas, sino infelices...

Lo cierto es esto: Él quiere hacernos a su propia imagen, de manera que *escojamos* el bien y *rechacemos* el mal. ¿Cómo puede llegar a hacer esto, si *siempre* nos está moviendo desde dentro, como hace a intervalos divinos, hacia la belleza de la santidad? Dios nos deja que *seamos;* no nos oprime con su voluntad; se mantiene alejado para que actuemos por nosotros mismos; para que ejercitemos nuestra pura voluntad para el bien... Él hizo nuestra voluntad, y está luchando por liberarla; porque solo en la perfección de nuestra individualidad y la libertad de nuestra voluntad podemos ser sus hijos plenamente. Esto está lleno de misterio, pero ¿no lo vemos lo suficiente como para sentirnos muy contentos y en paz?...

Así, la voluntad de Jesús, en el mismo momento en el que su fe parece estar a punto de ceder, obtiene el triunfo final. Ahora ya no hay sentimiento alguno que la apoye... Permanece desnuda en su alma... El sacrificio sube en el clamor: Dios mío... Es un grito de desolación, pero nace de la Fe... El alma humana es incapaz de medir el horror divino de ese momento. Es la negrura de las tinieblas. Y sin embargo, decidió creer. Sin embargo, se mantuvo firme. Dios seguía siendo su Dios...

Vea entonces lo que se pone a nuestro alcance cada vez que somos lanzados así en las tinieblas de la noche. El estado más alto de la voluntad humana se halla a la vista, al alcance... cuando, sin ver a Dios... se mantiene fiel a Él... Entonces, libre así por vez primera, haciendo valer así su libertad, la voluntad de la persona se vuelve una con la voluntad de Dios; por fin el hijo es devuelto al padre; la niñez y la paternidad se reúnen… y es respondida la oración del Señor: Como tú, oh Padre, en mí, y yo en ti, que también ellos sean uno en nosotros. Por tanto, levantémonos con la fortaleza que nace de Dios cada vez que sintamos que se cierran las tinieblas, o nos demos cuenta de que se han cerrado a nuestro alrededor, y digamos: soy de la Luz y no de las Tinieblas… Su corazón se alegra cuando usted se levanta y dice: Iré a mi Padre.

Quiera lo que Él quiere. Dígale: Dios mío, estoy muy torpe, desanimado y endurecido, pero tú eres sabio, alto y tierno, y eres mi Dios. Yo soy hijo tuyo. No me abandones. Después, doble los brazos de su fe y espere en silencio hasta que se haga la luz en sus tinieblas. Le digo que doble los brazos de su Fe y no de su Acción: si piensa en algo que deba hacer, vaya a hacerlo, aunque solo sea barrer una habitación, preparar una comida o visitar a un amigo. No les haga caso a sus sentimientos: Haga sus labores[1].

La noche oscura de un alma

La primera vez que revisé este libro, y también la segunda e incluso la tercera, este capítulo terminaba con la cita anterior. Pero cuando mi esposa leyó el original, me dijo: «Este capítulo es más difícil de seguir. No es personal. No hay nada *tuyo* aquí. No está tan claro. Necesitas compartir desde tu propio corazón la forma en que has aplicado a la práctica esta oración».

Tenía una razón muy simple para haber escrito acerca de la oración de muerte como lo había hecho. No quería compartir mi propio momento más profundo en las tinieblas. No lo quería recordar. No quería volver a vivir aquel día. Porque en realidad, no «apliqué» la oración. Solo sentí que salía de mis entrañas, sin que nadie la llamara ni la buscara.

Aun ahora, mientras estoy sentado en la silenciosa calma de la madrugada, contemplando las palabras de mi esposa y preguntándole al Señor: «¿Qué quieres que haga…? ¿Debo escribirlo?», no quiero volver la mirada a aquellos momentos.

Las tinieblas se cerraron sobre mí durante un solo día hace cinco años. La legión de detalles que lo produjeron es irrelevante para lo que nos proponemos. Baste con decir que en aquel día perdí un padre y un hijo.

Perdí a mi padre, que era creyente y buen hombre, en una muerte tranquila. Aunque cuando dobló finalmente los brazos de su vida lo hizo en paz, esto produjo una separación que me dolió profundamente. ¿Cómo habría podido ser de otra forma? Él era mi padre y yo era su hijo.

Para lo que no estaba preparado era para recibir solo doce horas más tarde la noticia de la pérdida de uno de mis hijos; no a manos de la muerte, sino a manos de un amargo alejamiento, de un corte repentino en nuestras relaciones en un instante inesperado a causa de una sutil mentira que él no fue lo suficientemente fuerte para resistir.

Totalmente cegado, mi mundo se desplomó y se hizo añicos a mis pies. Mientras estaba allí en la iglesia de pie, menos de una hora después de escuchar la devastadora noticia, luchando por mantener la compostura lo suficiente para decir unas pocas palabras antes que incineraran a mi padre, las tinieblas de la noche espiritual se cerraron a mi alrededor.

No sé lo que experimentan otros hombres. ¿Se sintió alguna vez mi difunto padre de aquella forma con respecto a mí? Si así fue, nunca me lo comunicó. Hablando por mí mismo, en toda mi vida no he sentido un amor más profundo por nada ni por nadie, que el amor que les tengo a mis hijos. No estoy diciendo que los ame más que a mi esposa o al Señor, porque estoy seguro de que no es así. Ni siquiera pienso de esa manera. Todos los amores son distintos, y no compiten entre sí. Solo estoy diciendo que la sensación física, el «dolor» divino de amor por mis hijos, ha sido dentro de mí una fuerza mayor que los demás amores que he sentido. Mi amor por mis hijos es palpable, intenso, poderoso.

De repente sentí que me arrancaban un gran pedazo de mi ser, como si una mano invisible se hubiera hundido en mis intestinos, se hubiera asido de ellos y me hubiera arrancado algo en lo más profundo de las entrañas. Con el cuerpo de mi padre ante mí, la cabeza me daba vueltas en medio de la confusión y el torbellino. El dolor era tanto emocional como físico.

De repente, había desaparecido la esperanza.

¡Dios se había… ido!

Callado. En ninguna parte.

Dentro de mí había algo que lo quería maldecir y morir. Jesús se sintió abandonado por Dios. Me temo que mis dudas y mi desconfianza fueron más hondo: me sentí traicionado por Él.

De alguna forma, fueron pasando las horas. Mi esposa y yo nos aferramos el uno al otro, no en busca de consuelo, sino de una simple supervivencia.

Durante días, todo lo que podía decir en mi oración era: «Dios… ¿cómo…? ¿por qué…?».

Ya no quedaban palabras. Al principio, aquella tenebrosa devastación era tan consumidora, que no derramaba lágrimas. Incluso cuando llegaban, eran como las escasas lluvias del Sahara, y no como las abundantes lluvias de las selvas. Por eso, ni aquellas ardientes lágrimas producían alivio alguno.

Lo siento, amigo, pero no tengo ninguna conclusión triunfante que informarle acerca de este episodio; no hay mañana de Pascua, ni visitación de ángeles, ni coros celestiales, ni milagro de resurrección. Poco a poco, la negrura de aquella noche del alma cedió el paso a un gris amanecer de estoica perseverancia.

Pero la esperanza por aquel a quien amamos con todo el corazón se convirtió en un recuerdo distante. Sigue inmerso en un engaño que se llama a sí mismo «cristiano». No lo hemos visto desde entonces, y aún nuestro corazón palpita con la angustia del amor.

Pero cuando obligo a mis ojos a pasar de la negra tarde en que fue crucificado Cristo, a lo que sucedió después, contemplo una verdad. Por difícil que me sea de aplicar en mi situación, sigue siendo una verdad destinada a cambiar el universo y a darle *vida*: Cuando morimos con Cristo, somos resucitados con Él a una nueva clase de vida. El hecho de que Él es el Hijo lo hace posible.

Pero cada uno de nosotros debe clavar las manos de su propio *yo* a la cruz.

«Consumado es», clamó el Señor. «En tus manos encomiendo mi espíritu».

El acto final de confianza. En las tinieblas de su desesperación, seguía confiando en que Dios le daría vida. De esa confianza nació la vida de resurrección.

Algo sucedió cuando Jesús estaba en la tumba; algo milagroso. Se produjo una transacción divina que no puede sustituir ningún tipo de «buena vida». No hay salvación en la bondad sin la cruz. La cruz infunde bondad con el milagro de la resurrección.

Por la muerte de Hijo que tuvo el Señor, nosotros recibimos un milagroso poder de resurrección, sujeto a las limitaciones de nuestra carne, para entrar en la semejanza a Él. El primer paso es orar, para pedirle al Padre que realice ese milagro dentro de nosotros.

Podemos hacer nuestro el ejemplo de Jesús. No somos llamados a ser unos buenos mundanos; somos llamados a ser gente *semejante a Cristo*, seres espirituales, ciudadanos de un Reino distinto. Se nos ordena que caminemos con una bondad semejante a la de Cristo, a una con nuestro Padre en medio de un mundo secular y pecador.

Por eso, con los ojos puestos en la ciudadanía de ese reino de hijos, sigo orando para que Dios despierte de nuevo dentro de mí la esperanza de la resurrección.

Y sigo diciendo en mi oración: «Dios mío, Dios mío, por qué...?».

Dios es Dios… y es bueno.

¿Acabo de hacer un informe perjudicial, una mala confesión? ¿Va a sentir usted, como la lectora que me escribió acerca de mi novela, que estoy haciendo un mal servicio al compartir así mis dudas y mis luchas, en lugar de mi fe? Si así es, no lo puedo evitar.

Pero esto sí le voy a decir: A pesar de todo… *creo*. Creo en Dios y en su bondad… y en el triunfo final de esa bondad.

En esa creencia sigo adelante. Apenas la puedo llamar *fe*. Si es fe, Dios lo sabe.

Y sigo adelante. Porque Dios es Dios… y es bueno.

Porque sé que una resurrección siguió al abandono del Señor. Y una resurrección seguirá a esta noche que hemos soportado mi esposa y yo. Las resurrecciones *siempre* vienen después. La resurrección y la vida nueva son el estilo de Dios. La tumba no es más que un invento de la imaginación de Satanás, y un día la Luz se tragará todas las tinieblas. Solo Dios sabe si nuestra propia luz de reconciliación venga en esta vida, o en la venidera. Nosotros oramos. Pero los tiempos y las sazones, y los propósitos más elevados se hallan en las manos del Rey.

A nosotros no se nos ha concedido conocer el curso que va a tomar nuestra vida. Se nos ha llamado a ser hijos e hijas capaces de confiar.

---

1. George MacDonald, «The Eloi», *Unspoken Sermons, First Series* (Eureka, Calif.: Sunrise Books, 1988), pp. 172-178.

SEIS

LA ORACIÓN DE VIDA

«Para que sean uno, como nosotros somos uno».

Con el grito de «Consumado es», el peregrinar del Señor en esta tierra quedó terminado. Sin embargo, la vida de la humanidad con Él solo estaba comenzando.

Había realizado su labor de Salvador. Ahora, su señorío estaba listo para transformar al mundo.

LA RESURRECCIÓN LO CAMBIA TODO

La resurrección de Jesucristo cambió la vida del discípulo para siempre. Hasta entonces, el discipulado había estado sometido a limitaciones físicas: a los que estaban allí con Jesús en la carne; los que lo veían, lo escuchaban, hablaban con Él y presenciaban los milagros que hacía su mano.

Pero ahora, la posibilidad de esa vida quedó transferida de inmediato a *toda* la humanidad, sin estar limitada ya por el tiempo y el espacio.

Por supuesto, al principio los Doce se sentían abatidos. Como no captaban qué resultaría de la poderosa realidad de la Resurrección, no se podían imaginar la vida sin Jesús a su lado.

Pero la progresión de la oración de semejanza a Cristo debe seguir adelante para el discípulo: más allá de la renuncia, más allá de la cruz, más allá de la muerte, hacia una niñez realizada, hacia la vida de Cristo perfeccionada que su muerte nos permite experimentar.

¿Qué es esa vida?

La misma vida que Él vivió: la unidad con su Padre. Y al regresar al hogar espiritual de la presencia de su Padre, a partir de aquel momento, la vida del discípulo incluiría también la unidad con Jesús.

«El Padre y yo somos uno», había enseñado.

Esta es la vida de Cristo que tiene el discípulo: la unidad con Jesús y con su Padre.

Y ahora, es posible una vida así.

Eran muy ciertas sus palabras cuando les dijo a sus discípulos que se iba para beneficio de ellos. Solo así podría volver a ellos bajo una nueva forma, como un espíritu vivo que ya no estaría confinado al mundo físico, a fin de estar con ellos y en ellos para siempre.

Les acababa de explicar cómo sería esa vida: la vida de unidad de espíritus. Por supuesto, ellos no lo habían comprendido, porque aún estaban atados a las limitadas respuestas de los sentidos físicos y temporales. Pero se lo había explicado con gran detalle, para que lo recordaran después, y comprendieran entonces.

Una vez explicada la naturaleza de esta vida, en una de las oraciones más asombrosas y magníficas de todos los tiempos, Jesús oró para que sus seguidores recibieran la capacidad de tener esta sorprendente vida en la cual su espíritu habitaría dentro de ellos. Y mientras oraba, presentó una clara imagen de lo que significaba esa vida.

Salgamos por un instante de las conmovedoras y emocionales imágenes de Getsemaní y del Calvario, para regresar al Aposento Alto, una o dos horas antes que Jesús y sus discípulos salieran a orar en el huerto. Su oración de Juan 17, en la que culminan las enseñanzas más elevadas del Evangelio, representadas por Juan 13–17, nos da una maravillosa imagen de la vida de niñez que lleva el que se asemeja a Cristo.

El lazo que une al universo

Al pensar en la oración que hizo el Señor en la noche anterior a su muerte, me acuerdo de las palabras de George MacDonald:

> El lazo que une al universo, la cadena que lo mantiene unido, la única unidad activa, la armonía de las cosas… es la consagración del Hijo al Padre. Esa es la vida del universo… La oración del Señor para pedir unidad entre los seres humanos, el Padre y Él mismo… Mientras más la contemplo, más perdido me siento en medio de su maravilla y de su gloria[1].

Yo también me he sentido perdido en medio de su maravilla y su gloria. ¿Se lo imagina? Con la muerte mirándolo cara a cara, *Jesús oró por usted y por mí.*

Si le es posible en este momento —dondequiera que esté, y sin importar lo que esté pasando a su alrededor—, permanezca tranquilo y silencie las numerosas voces que reclaman su atención y que lo distraerían de la importancia que tienen esas palabras. Por así decirlo, quitémonos el calzado, porque ciertamente, estamos en suelo santo, y escuchemos con corazón agradecido la voz del Señor, que ora por usted y por mí.

Padre santo, a los que me has dado, guárdalos en tu nombre, para que sean uno, así como nosotros…

No ruego que los quites del mundo, sino que los guardes del mal. No son del mundo, como tampoco yo soy del mundo…

Mas no ruego solamente por éstos, sino también por los que han de creer en mí por la palabra de ellos, para que todos sean uno; como tú, oh Padre, en mí, y yo en ti, que también ellos sean uno en nosotros; para que el mundo crea que tú me enviaste… Que sean perfectos en unidad, para que el mundo conozca que tú me enviaste, y que los has amado a ellos como también a mí me has amado. (Juan 17:11, 15-16, 20-21, 23)

¿Qué podemos hacer, Señor Jesús, al contemplar tu amoroso sacrificio, y esta oración que lo precedió, más que ofrecerte el sacrificio de nuestra alabanza? Te damos las gracias porque nos conoces, nos amas y oraste por nosotros.

¿Qué es esta unidad, esta unión entre el Padre y el Hijo que Jesús pide para nosotros también, para que participemos plenamente en ella con ellos?

Es la vida que Él acababa de explicar un momento antes. Había dicho que era una vida de «permanecer» en Él. Y, después de explicarla, rompió a orar para que a nosotros se nos capacitara de manera que viviéramos permanentemente en ella.

Por tanto, regresemos un poco más allá, hasta las familiares palabras con las cuales el Señor describe la vida de unidad total por la cual está orando ahora.

«PERMANECED EN MÍ»

Permaneced en mí… Estas tres palabras siempre se han deslizado sobre mi alma como un fresco torrente de montaña, aliviándome, calmándome y llenándome de paz. Tal vez por eso sea, en este caso, que prefiero las traducciones más antiguas y su forma de describir esta unidad en Cristo, en lugar de otras más recientes que dicen «quédense». No me es difícil imaginar a Jesús y a sus amigos en esa trascendental noche. Mientras escuchan, me los imagino abismados en la maravilla y la paz de la descripción que Él hace de lo que es la vida con Él. Oigo cómo su voz se va suavizando a medida que va mirando a cada uno de ellos con unos ojos llenos de un profundo amor, y comienza a hablar:

> Yo soy la vid verdadera, y mi Padre es el labrador. Todo pámpano que en mí no lleva fruto, lo quitará; y todo aquel que lleva fruto, lo limpiará, para que lleve más fruto… Permaneced en mí, y yo en vosotros. Como el pámpano no puede llevar fruto por sí mismo, si no permanece en la vid, así tampoco vosotros, si no permanecéis en mí. Yo soy la vid, vosotros los pámpanos; el que permanece en mí, y yo en él, éste lleva mucho fruto; porque separados

de mí nada podéis hacer… Si permanecéis en mí, y mis palabras permanecen en vosotros, pedid todo lo que queréis, y os será hecho. En esto es glorificado mi Padre, en que llevéis mucho fruto, y seáis así mis discípulos. Como el Padre me ha amado, así también yo os he amado; permaneced en mi amor. (Juan 15:1-2, 4-5, 7-9)

Desde mis primeros tiempos de caminar con el Señor, estas palabras han estado entre mis pasajes bíblicos favoritos. Me daba la impresión de que representaban la culminación, lo máximo en la experiencia cristiana, la exposición bíblica más poderosa de lo que debe ser la semejanza a Cristo de la cual sentía tanta hambre. Así que mientras oraba para pedir: *Dios mío, hazme como Jesús,* mis pensamientos se volvían de inmediato a Juan 15.

Pero me daba muy poca cuenta de la forma en que este «permanecer» llegaría a mí, o de cuándo podía esperar ver que comenzara a suceder en mi vida. Me parecía algo así como un proceso etéreo que tal vez se iba infiltrando en uno gradualmente, por ósmosis espiritual. Me imagino que, de haber sido sincero, habría tenido que confesar que, por mucho que amara Juan 15, no lo hallaba demasiado práctico. El mandato a permanecer, y la descripción de la vida del que permanece, me llenaban de paz, pero me dejaban con muy pocas ideas sobre la forma en que esto se debía hacer. Como sucede muchas veces a lo largo del Evangelio de Juan, Jesús parecía estar hablando más de forma enigmática que de forma pragmática.

Estoy seguro de que usted ya se ha dado cuenta de mi miopía. No le había prestado suficiente atención al resto del pasaje, donde Jesús explica con precisión lo que comprende esta vida, y describe con exactitud la forma de entrar en ella.

¿Por qué era Jesús *uno* con su Padre? ¿Qué hacía que esta unidad fuera, según lo expresa MacDonald, «el lazo que une al universo, la cadena que lo mantiene unido, la única unidad activa, la armonía de las cosas»? Jesús nos lo dice con claridad:

> Si guardareis mis mandamientos, permaneceréis en mi amor; así como yo he guardado los mandamientos de mi Padre, y permanezco en su amor. Estas cosas os he hablado, para que mi gozo esté en vosotros, y vuestro gozo sea cumplido.
>
> Este es mi mandamiento: Que os améis unos a otros, como yo os he amado... Esto os mando: Que os améis unos a otros. (Juan 15:10-12, 17)

Jesús era uno con su Padre, porque hacía la voluntad de este. *Permanecer es obedecer. Y obedecer es amar.*

Por tanto, Juan 15 nos ofrece una puerta de entrada —una puerta que no es ni enigmática ni etérea, sino sumamente sucinta y práctica— para llegar a la semejanza a Cristo que buscamos. El extraordinario punto culminante de este diálogo entre Jesús y sus discípulos en el Aposento Alto es el asombroso hecho de que Jesús orara para que *nosotros* pudiéramos entrar a esta vida, junto con los once que estaban con Él en aquellos momentos.

Él oró por *usted*… y por *mí*… para que la obediencia nos pudiera llevar a la unidad con Él, con su Padre y entre nosotros.

¿Es posible que alguna oración de él quede sin respuesta? Lo repito, porque es muy importante: *¿Es posible que una oración de Jesús quede sin respuesta?*

NUESTRO ALTO LLAMADO

Los que se disponen a permanecer en Cristo han recibido un llamado superior al de los ángeles. Tenemos que tomar la decisión de obedecer, en medio de unas naturalezas y unas voluntades caídas que quieren las cosas a su manera.

¿Difícil?

Sí, claro que lo es. Pero es nuestro gran privilegio, nuestra oportunidad y nuestro destino.

Esta es la verdad que no supe comprender hace años, cuando reflexionando como un soñador en esto de «permanecer en Cristo», como una idea emocional que de alguna forma me infundiría el Espíritu de Dios, haciendo que comenzara a caminar a unos cuantos centímetros por encima del suelo en una armonía constante con Dios, lleno de un espíritu inquebrantable de oración, amando a todos los que encontrara en mi camino, con mi *yo* muerto y sepultado, irradiando pureza y amor en mi rostro.

---

*Jesús oró por usted y por mí para que
la obediencia nos pudiera llevar a la unidad con Él,
con su Padre y entre nosotros.*

Me temo que algo así es lo que yo esperaba que sucedería mientras oraba diciendo: «Dios mío, hazme más semejante a Jesús».

¡Bienvenido a la vida real, Michael Phillips!

No... no es una vida rodeada con un halo, ni hay un rostro resplandeciente, como si habitara para siempre en el monte de la Transfiguración con Jesús, Moisés y Elías. Es una vida práctica, no angélica. Tengo que *decidirme* a permanecer en Cristo, tal como lo dice Jesús, a base de amar a mis hermanos y hermanas, guardar sus mandamientos y hacer la voluntad de su Padre tal como Él la reveló. Y decidir hacerlo continuamente, a pesar de un yo que, lamentablemente, no está ni muerto ni sepultado.

Si guardareis mis mandamientos, permaneceréis...

Yo no soy un ángel, como tampoco lo era Jesús. Usted tampoco lo es. Somos seres humanos. Pero, a diferencia de Jesús, somos débiles, caídos, egoístas, cobardes, tímidos y llenos de las cosas de nuestra propia voluntad. Sin embargo, en medio de esa humanidad, hemos recibido el privilegio más alto de la creación: el de injertarnos en la vid de su vida abandonando esa voluntad propia para entrar a una vida de permanencia en su voluntad.

---

*La cruz es una forma
de vivir momento a momento;
no el final de una vida.*

Cuando Jesús oró para que nosotros fuéramos uno con Él, con el Padre y entre nosotros mismos, estaba orando para que recibiéramos la capacidad de caer de rodillas en la soledad de la niñez —por medio de nuestra propia decisión de hacer nuestro su ejemplo en el huerto— y decir: «Padre, ¿qué quieres que haga? Tú eres mi Padre, y yo soy tu hijo obediente. Habla, y yo obedeceré. Mi única voluntad consiste en hacer la voluntad tuya», aunque según todos nuestros sentidos y todas las apariencias, Él no esté presente; aunque sea para proclamar en medio de una oscura desolación: *¡Dios mío, tú sigues siendo mi Dios!*, y después seguir adelante para cumplir sus mandatos.

LA NEGACIÓN DE SÍ PRÁCTICA Y DIARIA

Entonces, ¿cómo podemos permanecer en esta niñez? ¿Qué comprende este permanecer en Cristo?

Nada más y nada menos que ser uno con el Padre, como Jesús lo era con Él, haciendo su voluntad.

Jesús vino a enseñarnos los detalles concretos de esa voluntad, y a darnos ejemplo de ellos. Sabemos permanecer, porque Jesús nos mostró cómo hacerlo. Él es nuestro modelo. No necesitamos esperar a que «suceda» en nosotros, porque podemos salir hoy, ahora mismo, en los cinco minutos próximos, y permanecer en Él, a base de amarnos mutuamente, de volver la otra mejilla, de perdonar a los que nos hacen mal, de orar y ayunar en secreto, de abandonar nuestra voluntad en manos del Padre, de hacer el bien, de ser humilde, de poner a los otros por delante de nosotros mismos, de ser amables, de confiar en Dios, de hacer lo que querríamos que nos hicieran a nosotros, de dar más de lo que nos piden, de ser moralmente puros… de caminar en esa niñez.

Juan 15 hace de la cruz una forma de vivir momento a momento, no el final de una vida.

Y sin embargo, por mucho que piense que anhelo permanecer cuando estoy en el aislamiento y la santidad de mi lugar secreto de oración, en el mismo momento que entro al mundo para tratar de vivir en esa realidad semejante a la de los niños, me asalta una resistencia procedente del mismo yo que pensaba haber matado.

Diez mil veces al año —cuántas al día—, mi yo levanta la cabeza, tratando de hacer que ignore la práctica de los mandatos que abren el camino hacia la semejanza a Cristo, siseando astutas justificaciones contra la totalidad de la negación de sí mismo que se necesita.

La *vida* con Cristo es la *muerte* al yo.

Si pensamos en ella como algo distinto; como una vida de prosperidad, de límites más anchos y de una comodidad y un éxito mundanos, solo nos estamos engañando a nosotros mismos.

La voz del yo hace saltar a la primera línea del intelecto y las emociones una docena de susurros por hora, diciéndome que tengo el derecho de poner en primer lugar mis propias prioridades, que es natural que piense en mí mismo de vez en cuando. La voz del yo es tan engañosa y sutil, que muchas veces ni siquiera la reconozco, y de vez en cuando hasta me llego a convencer de que es el Señor quien me está hablando.

«¡Cállate!», es lo que debo gritar en silencio cuando recupero el sentido. «Lárgate; márchate... ya tú no mandas aquí. Jesucristo y su Padre son los que deciden mis asuntos. Ellos son los que fijan mis prioridades, motivaciones y actitudes. Ya no te voy a seguir consultando acerca de lo que debo hacer o pensar. *Yo*, te reconozco tal como eres: un insignificante monarca preocupado por la pérdida de tu trono. Pero ese trono no lo vas a volver a ocupar, porque te he quitado de él. El asiento de mi voluntad ha dejado de ser tuyo. ¡Ya no tengo nada que ver contigo! Te rechazo. Me niego por completo a reconocerte».

PERMANECER EN CRISTO

No puedo decir lo que pueda significar en su vida ese permanecer en Cristo, pero para mí, comienza así:

Calmar el torrente de sutiles actitudes erróneas que me asaltan y tratan de hacerme pensar de acuerdo a los valores del mundo: actitudes enraizadas en el orgullo, la independencia, el egoísmo y las ganancias personales, y no en la niñez y la semejanza a Cristo...

Reprimir la mentira de la independencia que se encuentra hasta en el aire mismo del mundo, diciéndome que puedo salir adelante por mi propia cuenta, y que *debo* hacerlo por mí mismo, que tengo *derecho* a hacerlo por mí mismo...

Pedirle a Dios que les dé lo mejor a quienes me han hecho daño, me han hecho mal y han hablado contra mí; perdonarlos yo, y caer de rodillas para pedir perdón por esas ocasiones y relaciones en las cuales he sido yo quien ha hecho el mal...

Recibir la sumisión de la niñez, en lugar de resistirme ante ella...

Abandonar la ambición de levantarme en el mundo o ante los ojos de los demás; abandonar las esperanzas y los acariciados sueños de logros, posesiones y éxitos...

Confiarle al Padre a mis seres amados, y confiar en que Él hará que al final todo salga bien...

Usar las armas de guerra que Dios me ha proporcionado para combatir la melancolía, la impaciencia, la rudeza, el juicio, el desaliento, los gemidos, el abatimiento y las quejas...

Recibir a cuantos encuentre en este día con los frutos de amabilidad, bondad, aceptación, cortesía, humildad, generosidad, paz, mansedumbre, buen ánimo y la sencilla amistad del amor cristiano...

Calmar la preocupación, la agitación, el apresuramiento, la frustración, la codicia, el desaliento, la envidia, la congoja, la irritación y todas las demás actitudes persistentes de falta de confianza que me persiguen desde la mañana hasta la noche...

Abrir los ojos a las maravillosas cualidades que tienen los que me rodean; ver a los demás como Dios los ve; reconocer lo que están llegando a ser en Dios, en lugar de ver solo lo que son en estos momentos, recordando lo que yo fui en el pasado, concediéndoles la misma gracia que Dios me concedió a mí, regocijándome en lo bueno y mirando por encima de lo demás, y amándolos como Él los ama…

Comportarme con los demás como querría que ellos se comportaran conmigo…

Intentar activamente —aunque las multitudes, el ruido, las vulgaridades, el egoísmo, la falta de modestia y las riquezas griten todos a mi alrededor— recordar que soy ciudadano de un Reino distinto…

Y en lugar de huir, recibir con agrado las oportunidades de susurrar: «*No se haga mi voluntad, Padre… sino la tuya*».

Estas cosas no las puedo hacer por mí mismo. Como ya he confesado antes, soy un vaso débil y frágil. No me he enfrentado al sacrificio, los azotes y la muerte, la tortura ni la soledad absoluta. En mi vida no me he enfrentado a nada tan difícil, con la excepción del dolor de un corazón de Padre. Muy difícil, Dios me ayude, pero ¿por qué no habría de sentirlo? A Dios también le duele el corazón por sus hijos. ¿Por qué habría yo de desear menos para mí mismo? Ciertamente, no es nada lo que he tenido que pasar, comparado con lo que pasó Jesús por mi bien. La comodidad de la vida en esta cultura occidental moderna en la que me encuentro, es increíble. Las bendiciones que Dios ha derramado sobre mí son enormes; son mucho más de lo que tengo razón para esperar.

Recibo fortaleza en el conocimiento de que Jesús oró por mí… y sigue orando por mí todavía.

Y sin embargo… me sigo quejando, gruñendo y resistiendo, como si el nivel de negación de sí mismo que exige la vida de permanencia fuera más de lo que yo pudiera soportar.

Pero es difícil entregar una voluntad que quiere que las cosas salgan a su manera.

Por tanto, cuando caigo de rodillas y tengo delante lo práctica que es la semejanza a Cristo, la oración que sale con mi primer suspiro es esta: «Señor… mi fallo es total a la hora de hacer esas cosas de las que hablo. Por favor, ayúdame».

Y entonces, me debo levantar, y salir a vivir en la semejanza a Cristo que me ha sido ordenada:

Permaneced en mi amor. Si guardareis mis mandamientos, permaneceréis en mi amor; así como yo he guardado los mandamientos de mi Padre, y permanezco en su amor. Este es mi mandamiento: Que os améis unos a otros.

Al hacerlo, recibo fortaleza en el conocimiento de que Jesús oró por mí. Y, como su vida es eterna, tengo razón de sobra para creer que sigue orando por mí todavía, y que todas sus oraciones deberán recibir respuesta:

Mas no ruego solamente por estos, sino también por los que han de creer en mí por la palabra de ellos, para que todos sean uno; como tú, oh Padre, en mí, y yo en ti. Oro por Michael Phillips. Que también él sea en nosotros, y sea uno contigo y conmigo, para que el mundo crea que tú me enviaste. Que todos los creyentes sean perfectos en unidad, para que el mundo conozca que tú me enviaste, y que los has amado a ellos como también a mí me has amado.

Recibo fortaleza en el conocimiento de que Jesús oró por mí... y sigue orando por mí todavía.

---

1. George MacDonald, «The Creation in Christ», *Unspoken Sermons, Third Series* (Eureka, Calif.: Sunrise Books, 1996), p. 19.

SIETE

LA ORACIÓN

DE GOZO

«Para que mi gozo sea cumplido en ellos».

Me tomé un breve respiro después de los dos capítulos últimos, y me puse a meditar en lo que debía escribir a continuación.

«Señor, ¿cómo debo llevar este libro a su conclusión?», le pregunté. «¿Cómo puedo resumir estos componentes de la oración de semejanza a Cristo para ponerlos en una perspectiva tal que los conviertan en realidades prácticas de nuestra vida para los años futuros?»

Casi de inmediato, me inundaron la mente estas palabras: *la oración de gozo*.

UNA OBJECIÓN

Decir que esas palabras procedían de algún lugar situado más allá de mi mente consciente sería decir muy poco. Nada habría podido hallarse más lejos de mi imaginación. ¿Cómo era posible que el *gozo* fuera a ser la culminación de unos comentarios en los cuales hemos centrado nuestros pensamientos en Getsemaní, el Calvario y la negación de sí mismo? No me podía imaginar cómo me pudieron llegar estas palabras en especial: «la oración de gozo». Mi pensamiento se hallaba a muchos kilómetros de distancia del gozo. En el momento, no podía ni recordar si el gozo había formado parte alguna vez de una oración hecha por Jesús.

Enseguida comencé a protestar.

La primera objeción que me vino a la mente era mi propia falta de capacidad para tocar el tema. ¿Cómo podía escribir yo acerca del gozo? Mi vida nunca se ha distinguido por su radiante chispa y su efervescencia. No soy uno de esos cristianos saltarines y burbujeantes que son extrovertidos, exuberantes, gozosos hasta el exceso, y están siempre «en victoria». Más que emocional, soy una persona intelectual. Callado, tímido, reservado.

El Señor debería saber todo esto, me dije. Él fue quien me dio mi personalidad y mi temperamento. Es muy consciente de que las batallas más persistentes en mi caminar son las que libro contra la depresión y el desaliento. Hago cuanto puedo por mantenerme optimista y caminar con la frente en alto, pero con frecuencia tengo que luchar para lograrlo.

Tal vez estas realidades expliquen hasta cierto punto por qué la oración de semejanza a Cristo resuena tan profundamente en mi interior. De hecho, en este momento preciso de mi vida, Getsemaní es mucho más real que el gozo.

Llegué a una franca conclusión: Sencillamente, no sabía lo suficiente acerca del gozo por experiencia personal, para poder hablar del tema de una forma adecuada.

«Si algo hay de lo que no puedo escribir ahora, Señor», le dije, «es del gozo. Por favor, déjame terminar este libro de otra manera que no sea esta».

Mis objeciones me comenzaron a recordar a Moisés y a Jeremías. Sin embargo, en mi caso tenía la esperanza de que tal vez el Señor me hiciera las cosas un poco más fáciles que a ellos.

Pero, solo por si acaso, escribí las palabras al principio de una página en blanco: *La oración de gozo*.

Después volví a leer Juan 17. Ya para entonces, no me sorprendió lo que vi.

¡Allí estaba el *gozo*!

¿Cómo era posible que le pasara por encima sin notarlo siquiera?

«Padre santo», dijo Jesús en su oración, «a los que me has dado, guárdalos en tu nombre, para que sean uno, así como nosotros… y hablo esto en el mundo, *para que tengan mi gozo cumplido en sí mismos…* Mas no ruego solamente por éstos, sino también por los que han de creer en mí por la palabra de ellos».

¡Ahora sí que el Señor había captado toda mi atención!

Le añadí las palabras *para que tengan mi gozo cumplido en sí mismos* al título del capítulo, imprimí la página, la dejé a un lado y esperé. Dios había captado mi atención, pero me seguía preguntando si se trataría de uno de esos casos en los cuales el Señor solo quería ver si yo estaba dispuesto a obedecerle, pero en realidad no iba a hacer que siguiera adelante con aquello.

Seguí mirando aquella página mientras trabajaba en otras partes del libro. Durante los días siguientes, cada vez se hizo más fuerte en mí la sensación de que la oración de gozo contenía una fuente de energía divina que les daba vida y fortaleza a los demás componentes de la oración de semejanza a Cristo, y de una forma que yo aún no había comprendido. No fue sino hasta después de esto, cuando recordé las palabras que Judy había hecho grabar en el interior de mi alianza de bodas: *Para que tu gozo sea cumplido.*

«Señor, ¿qué quieres decir sobre esto?», le pregunté. «¿Cuál es el gozo que tú pediste en tu oración. No lo entiendo. No sé ni siquiera si yo lo siento. ¿Qué me quieres enseñar? Estoy dispuesto... pero me vas a tener que mostrar qué quieres decir».

Y poco a poco, durante los días que siguieron, comencé a sentir la respuesta a mi oración.

¿QUÉ CLASE DE «GOZO» SINTIÓ JESÚS EN EL APOSENTO ALTO?

Una de las primeras cosas que noté cuando volví a leer Juan 17 es que Jesús habló con el Padre de que su gozo fuera cumplido en nosotros, de la misma forma que oró para que fuéramos uno.

De repente me impactó como si nunca lo hubiera leído antes: *Jesús oró para que yo no caminara solo en unidad, sino también en su gozo.*

Mi temperamento propio no importa. Tanto si soy intelectual como si soy emocional, social o tímido, extrovertido o introvertido, feliz o triste; nada de eso importa.

El simple hecho es que *Jesús quiere que su gozo sea cumplido en mí.*

Este pensamiento era sorprendente; tal vez se tratara de una verdad a la que no le había prestado la suficiente atención. Yo estaba muy familiarizado con la oración del Señor en Juan 17. ¿Cuántas veces había leído este maravilloso pasaje? Sin embargo, siempre era la unidad la que me venía a la mente; nunca el gozo.

Así que me comencé a preguntar: ¿Qué puede ser este gozo del que habla Jesús?

¿Se trataba simplemente de la definición en la que solemos pensar: alegría, alborozo, júbilo, un sentimiento de placer o de satisfacción… un conjunto de sensaciones agradables que ponen una sonrisa en nuestro rostro?

---

*Jesús oró para que yo no caminara solo en unidad,
sino también en su gozo.*

Estoy seguro de que la mayoría de nosotros hemos oído decir: «Los cristianos no siempre estamos felices, pero siempre tenemos gozo». La idea es buena, hasta donde llega, señalando un componente del gozo que es más profundo que la simple felicidad sola. Pero seamos sinceros; ambas cosas son casi intercambiables. Cuando hablamos del gozo, aún estamos hablando de una emoción, una sensación de júbilo, alegría y deleite. Tal vez se trate de un tipo de sentimiento más profundo, pero con todo, sigue siendo felicidad. Seguimos hablando de llevar una sonrisa en el rostro.

¿Es eso lo que quería decir Jesús?

Al tratar de descubrir una respuesta, comencé a preguntarme qué estaba sintiendo el propio Jesús en el momento en que habló de su gozo: *Para que tengan mi gozo cumplido en sí mismos.* ¿Qué quiso decir? ¿Qué pensamientos le estaban pasando por la mente en ese instante? ¿Acaso no estaba a punto de ser traicionado? ¿Acaso no iba camino de la cruz? ¿Cuál gozo?

Imagínese con claridad la situación. Había terminado la Última Cena. El diálogo con los Once en el Aposento Alto estaba casi terminado. En unos minutos saldrían de aquella casa para descender al valle Cedrón, y de ahí subir al huerto de

Getsemaní, al otro lado. En realidad no lo sabemos, pero lo más probable es que fuera entre las diez y la media noche.

Fue entonces cuando Jesús dijo: «Hablo esto… para que tengan mi gozo cumplido en sí mismos».

Al cabo de una o dos horas, la agonía mental y espiritual de Jesús sería tan grande, que sudaría sangre y le suplicaría a su Padre que lo librara de la temible copa que se aproximaba.

¿Sintió en el huerto lo que nosotros solemos llamar «gozo»? ¿Cómo lo habría podido sentir? La Biblia dice que se encontraba en «agonía de espíritu», no en felicidad. Difícilmente la agonía de espíritu puede ser gozo.

Al cabo de una o dos horas más, lo arrestarían.

Doce horas más tarde, estaría clavado a una cruz.

Unas pocas horas después, estaría muerto.

¿Estaba Jesús eufórico y feliz cuando vio que sus discípulos huyeron? ¿Sonreía con placer mientras los clavos le atravesaban las muñecas? ¿Estaba alegre y gozoso cuando sintió que Dios lo abandonaba?

Claro que no. No es posible leer el relato bíblico sin llegar a la conclusión opuesta: que su agonía y su angustia mental, y no mencionamos el simple tormento físico, eran positivamente atroces.

Sí, con todo esto delante de su rostro, habla de que su gozo va a ser cumplido en nosotros.

La única conclusión a la que pude llegar es que debe haber estado hablando de algo muy distinto a lo que suele llevar el nombre de «gozo» en mi mente. No creo que estuviera sintiendo una gran felicidad en esos momentos.

Seguí escudriñando las Escrituras, tratando de comprender. El misterio se hacía más profundo aún cuando ponía las palabras de Jesús junto a otras declaraciones acerca de Él, y de la vida que les espera a sus seguidores:

> [Era] varón de dolores, experimentado en quebranto. (Isaías 53:3)

> Ciertamente llevó él nuestras enfermedades, y sufrió nuestros dolores. (Isaías 53:4)

> Mas él herido fue por nuestras rebeliones, molido por nuestros pecados; el castigo de nuestra paz fue sobre él, y por su llaga fuimos nosotros curados. (Isaías 53:5)

> Mi alma está muy triste, hasta la muerte. (Marcos 14:34)

> Y estando en agonía… era su sudor como grandes gotas de sangre. (Lucas 22:44)

> Entonces os entregarán a tribulación, y os matarán, y seréis aborrecidos… por causa de mi nombre. (Mateo 24:9)

La aflicción no es lo mismo que el gozo.
El dolor no es lo mismo que el gozo.

Las heridas no son lo mismo que el gozo.

Los latigazos no son lo mismo que el gozo.

La angustia no es lo mismo que el gozo.

La persecución no es lo mismo que el gozo.

¿Cómo unificamos todas estas cosas con el deseo de Jesús de que su gozo fuera cumplido en nosotros? Esto se parece un poco al viejo refrán que dice: «Si así es como lo tratan a uno los amigos, ¿a quién le hacen falta enemigos?» Me puedo imaginar que algunos mirarán la lista anterior y pensarán. *Vaya, si eso es el gozo de Jesús, no me gustaría estar cerca cuando comiencen las pruebas.*

¿Emoción o estado del ser?

Consulté unos cuantos de mis textos griegos. No se encendió de inmediato ninguna luz. La palabra que Jesús usó en Juan 17 significaba simplemente gozo: xara [*jará*].

Sin embargo, cuando seguí indagando, se me comenzó a revelar una verdad fascinante.

Vi que en su intención, la lengua griega contiene tanto un componente emocional, como otro intelectual.

Deténgase a pensar esto un instante. Si usted está acostumbrado a pensar en el gozo como yo siempre lo he hecho, entonces la segunda mitad de la ecuación —el lado intelectual— tal vez sea un nuevo giro para usted. Sin embargo, aunque haya distinguido hasta entonces el gozo y la felicidad, sin duda, la forma en que percibía el gozo siempre era en el sentido de una emoción sentida por el corazón.

La mayoría de nosotros hemos hablado elocuentemente del hecho de que el gozo debe ir más allá de los sentimientos. Sin embargo, al hablar desde el punto de vista práctico, esperamos que la vida cristiana genere continuamente sonrisas de exuberancia; de lo contrario, comenzamos a pensar que hay algo que no anda bien. En otras palabras, por diferente que sea la forma en que se manifieste el gozo, lo seguimos considerando como una emoción; como algo que se debe *sentir*.

De repente, resplandecía la luz desde un nuevo ángulo —desde el *cerebro*, y no solo el *corazón*—: el gozo no siempre es algo que se siente, sino que es un estado mental.

Hay evangélicos que le tienen miedo a la palabra *intelectual*. Pero es importante que distingamos los distintos papeles que ocupan en la fe la mente y el corazón. En este caso, para mí fue sumamente liberador el reconocimiento de que tal vez el gozo tenga un componente intelectual mucho más grande y estable del que yo había reconocido hasta el momento, y existiera en nuestro intelecto, brotando de él, en lugar de hacerlo solo de nuestros sentimientos.

¿Que si me siento «alegre» de estar vivo? Por supuesto. ¿Me *siento* siempre alegre? No. Pero aun entonces, sigo estando alegre de seguir vivo. Aún vivo en un estado de alegría.

Es la diferencia que hay entre mi hogar y las cosas que hay dentro de él y que hacen mi vida más agradable y placentera. Esas cosas pueden cambiar, las puedo regalar, vender, reemplazar, o me las pueden robar. Yo las disfruto: mi sillón más cómodo, la taza de te que se ajusta perfectamente a mis dedos, mi bolígrafo favorito y nuestra cama por la noche, aunque muchas de esas cosas cambian a lo largo de los años. Ahora dormimos en una cama distinta a la que estábamos usando hace dos años. El bolígrafo con el cual estoy revisando este original ahora mismo, tiene menos de un año. Y además, soy famoso por romper tazas.

Las cosas que hay dentro de la casa, y que disfruto y me dan gozo, cambian. Pero hemos estado viviendo en la misma casa durante casi veintisiete años. Es nuestro hogar, y lo sigue siendo a pesar de los cambios que se hayan producido dentro de él.

Eso es lo que quiero decir cuando hablo de vivir «en un estado» de alegría. Es mi hogar. Estoy contento de estar vivo. Y vivo aquí.

Pero el *sentimiento* de alegría, y las cosas concretas que me pueden hacer sentir contento a lo largo del día, solo son esas cosas que cambian dentro de la casa.

Cuando brilla el sol, las bendiciones son evidentes, no me siento presionado por las pruebas y toda la vida parece agradable, la sonrisa de mi rostro corresponde al gozo de la alegría que hay en mi corazón.

Pero hay otros momentos en los cuales la vida es dura, cuando el sol no brilla, cuando me abruma el desaliento y no puedo sentir la presencia de Dios en medio de la neblina. Mis sentimientos estarán bajos, pero sigo alegre de estar vivo, alegre de ser hijo de Dios, y alegre de que mi vida tenga sentido en medio de esos valles emocionales.

Es decir, que la alegría, como componente del gozo, es tanto emocional como intelectual. Me *siento* alegre (emocional) y *estoy* alegre (intelectual). Representa algo que me inunda emocionalmente de vez en cuando, y también un estado del ser en el cual existo de forma permanente.

Habrá quienes digan que no están alegres de estar vivos. Yo lo estoy.

La alegría de vivir es siempre mi hogar, tanto si brilla el sol, como si no.

La casa del gozo

El reconocimiento de estos distintos componentes del gozo —el que se origina en el *cerebro* y el que se origina en el *corazón*— abrió una inmensa puerta en mi entendimiento.

Tal vez de la misma forma que decimos «Me siento alegre» y «Estoy alegre», también podamos distinguir entre «*Siento gozo*» y «*Tengo gozo*»: vivo *en un estado de gozo*, cualesquiera que sean mis sentimientos en un momento dado.

Entonces se me ocurrió otra pregunta, y tanto si a usted le parece trascendental como si no, para mí fue inmensa: ¿Existe también una «casa del gozo» en la cual yo pueda habitar *todo el tiempo* —un estado permanente del ser que describa quién yo soy y dónde vivo en Dios—, aunque de vez en cuando mi techo tenga goteras, pierda mi bolígrafo favorito, o rompa mi taza preferida?

La alegría de vivir es siempre mi hogar,
tanto si brilla el sol, como si no.

¿Estaría hablando Jesús de esta *casa del gozo*, y no de las cosas del gozo que van y vienen, y cambian dentro de la casa?

¿Estaría hablando de esta casa, este estado del ser en el cual Él habitaba con su Padre, y donde pidió en su oración que también habitáramos nosotros?

Obviamente, cuando Jesús dijo «Triste está mi alma», no estaba sintiendo alegría, ni gozo. Pero el *estado de su ser* lo mantenía agradecido de ser el Hijo de Dios. No estaba alegre en cuanto a *emoción*, pero sí lo estaba en cuanto a su *ser*.

Seguía habitando con su Padre en la casa llamada *Gozo*.

Tal vez aquí estemos comenzando a captar un poco más de cerca lo que estaba pensando Jesús cuando habló de su Padre para pedirle que su gozo fuera cumplido en nosotros. Estaba a punto de entrar en el huerto «muy triste». Iba camino de la muerte.

Pero el estado de su ser era de paz. Su lugar espiritual de habitación estaba intacto, porque Él sabía quién era. Estaba en paz con su propia identidad y con lo que había sido llamado a hacer. Y confiaba en que su Padre permaneciera con Él.

PAZ, SERENIDAD, ALEGRÍA Y GRATITUD

Investigando más, descubrí una relación entre la palabra griega *jará* y las ideas de paz, serenidad y alegría: un *estado del ser* que descansa en la Paternidad, la soberanía y el amor de Dios.

Entonces comencé a captar de qué estaban hechas las paredes de esta casa, este lugar de habitación, este estado del ser llamado *gozo*.

Cuando hablo de descansar en Dios, no estoy refiriéndome a un letargo espiritual, sino a la paz de Dios; a estar en armonía con uno mismo, con Dios y con el lugar de uno en sus propósitos y sus planes, sin dejarse poner nervioso por las circunstancias, los cambios, las pruebas, los altibajos o la fluctuación de los sentimientos.

La paz, la serenidad, la alegría, la gratitud, la calma, la confianza, la compostura; esas son las cosas que forman las paredes, los pisos, el techo y las vigas de ese lugar de habitación llamado *gozo*.

Y aquí creo que por fin comenzamos a descifrar dónde pidió Jesús en su oración que habitáramos nosotros: en un estado del ser que se halla en paz con nuestra niñez en Dios.

Está claro que el propio Jesús vivía en ese estado de gozo. Y las paredes de esa casa se mantuvieron fuertes, aunque el dolor, la angustia e incluso la crucifixión golpearan contra ellas.

El estado de gozo

¿Qué sentía Jesús la noche antes de su muerte?

Yo creo que se sentía en este estado de gozo. Sentía la paz en el estado de ser uno con su Padre, paz con su propia identidad como Hijo del Padre, y paz con lo que tenía que hacer.

Esta es la casa en la cual Jesús quiere que nosotros permanezcamos: la casa del estado de gozo, serenidad y confianza; la casa del gozo eterno.

Estaba triste. De su corazón no salía la emoción del gozo.
No *sentía* gozo, pero *habitaba* en el gozo. Su hogar seguía siendo este *estado de gozo*. Tenía gozo… paz… alegría, sereno y
agradecido de ser el Hijo de su Padre.

LA PERSPECTIVA DE LA ETERNIDAD

Mientras reflexionaba en mi oración acerca de aquella noche
anterior a la muerte de Jesús, mis pensamientos se centraron
en lo que Él estaba sintiendo, no en cuanto a los sufrimientos
que sabría que tendría, sino con respecto a sus discípulos… y
con respecto a nosotros.

No es posible leer Juan 13–17 sin sentir que hay en el corazón de Cristo una gran ternura y un gran amor hacia aquellos
hombres que habían compartido su vida con Él.

Me parece que su vida se revela en toda su dimensión en
estas palabras que les dijo antes: «No se turbe vuestro corazón;
creéis en Dios, creed también en mí… La paz os dejo, mi paz
os doy» (Juan 14:1, 27).

Esta es la casa en la cual Él quiere que nosotros permanezcamos: la casa del estado de gozo, serenidad y confianza;
la casa del gozo eterno que lo capacita a Él mismo como
Hijo a descansar en su Padre. En su oración, pidió que
nosotros habitáramos en el mismo estado donde esa paz que
caracterizaba a su condición de Hijo también caracterice a
la nuestra.

Es un lugar donde reina la perspectiva de la eternidad, la
capacidad para mirar más allá de esta tierra; más allá de

todo lo que es de este mundo, sabiendo que es temporal y pasajero.

¿Acaso no estaba fundada su propia paz aquella noche en el hecho de una eternidad siempre presente en su interior? No lo aplastó lo que estaba a punto de sufrir. La eternidad se encontraba al otro lado de la cruz. Su paz trascendía todo cuanto este mundo pudiera lanzar en su contra: el látigo, la corona de espinas, los clavos y la cruz.

Su confianza estaba puesta en Dios, su Padre, un Padre bueno que es el soberano de todo.

La perspectiva de la eternidad.

Estas cosas las digo mientras estoy aún en el mundo. Y ahora lo oigo orar por mí: *Para que puedan vivir continuamente en ese estado del ser que me sostuvo como Hijo, sereno en tu voluntad, Padre, gozoso bajo tu cuidado, feliz en tu amor y en paz... porque ellos confían en ti como confío yo.*

OTRA ORACIÓN

Salí de la casa para caminar, respirar hondo y tratar de dejar que aquellos nuevos pensamientos penetraran en mi ser. No estaba orando conscientemente. Pero mi cerebro y mi corazón estaban callados. Mientras caminaba, sentí algo que era casi como si me estuvieran quitando lentamente de los hombros un peso invisible. No un peso grande ni opresivo. Era algo muy sutil. De hecho, no pesaba mucho, pero sí sabía que estaba sucediendo algo.

Durante treinta y cinco años había estado haciendo la oración de semejanza a Cristo. Sin embargo, dentro de mí había permanecido la sutil sospecha de que había un pequeño rincón de mi ser espiritual que estaba un poco fuera de sintonía, y no sentía «el gozo del Señor» como debía. ¿Qué cristiano no sufre de vez en cuando la ilusión de que debemos mantenernos positivos, felices y animados todo el tiempo?

Ahora, aquel concepto erróneo se desvanecía lentamente en la maravillosa realidad nueva de la oración de gozo, en la comprensión de que el gozo era una casa en la cual yo podía habitar, en paz con mi condición de hijo. Ya no me tenía que preocupar sobre si *sentía* gozo; me podía limitar a habitar en ese *estado de gozo*, aunque el techo tuviera goteras de vez en cuando. Estaba libre para disfrutar de las cosas de la casa, a sabiendas de que no contenían la fuente del gozo, de la misma forma que el bolígrafo o el teclado que estuviera usando serían la fuente de este libro.

Estoy en paz, me dije mientras caminaba, *aun en medio de ciertas congojas que siguen siendo dolorosas y reales. Vivo en la casa del gozo, de la misma forma que me siento feliz de estar vivo. Gracias, Señor, por esta revelación.*

Tal vez no fuera una paz nueva la que sentía, sino el reconocimiento de algo que había existido todo el tiempo. No dejaría de ser quien soy. No estaría en ningún otro lugar, más que donde estaba en esos momentos. Era hijo de Dios, y descansaba en esa realidad.

Al regresar a mi oficina, pensé que tal vez mi oración de semejanza a Cristo fuera respondida realmente de una manera callada.

Y me sentí feliz.

Señor Jesús, oré, *ayúdame a conocer, no solo tu sacrificio, sino también tu gozo. Gracias por permitirme ver el estado en el que habitas con tu Padre, y en el que tienes tu ser. Enséñame a regocijarme, tal como tú me lo ordenaste, en la serenidad y la paz de ese estado de gozo.*

No te limites a profundizar dentro de mí la vida de renuncia, sino enséñame también a comportarme con el gozo que tú conociste, sin caminar con la cabeza inclinada mientras sigo sombríamente mi propio camino al Calvario, sino con la frente en alto, porque soy hijo de Dios. Enséñame no solo a obedecer, sino a obedecer con regocijo, mirando más allá, viviendo en la expectación eterna de que la bondad reine en todo el universo.

Ayúdame a permanecer en ti, y en unidad contigo, de tal forma que tu gozo sea cumplido dentro de mí. Déjame participar obediente en esa vida, permaneciendo en ella con regocijo, como hijo obediente del Padre.

Padre de Jesús, quiero dejar que cumplas todos tus propósitos dentro de mí, y por medio de mí, para que la propia semejanza a Cristo sea cumplida en mí. Que la oración «¿Qué quieres que haga?» esté siempre en mis labios y en mi corazón. Que mi voluntad sea siempre solo tu voluntad para mí. Que las palabras «No mi voluntad, sino la tuya» sean la orientación constante de mi corazón. Hazme uno contigo, así como tú y Jesús son uno. A medida que vas convirtiendo la semejanza a Cristo en una parte cada vez mayor de mi ser y mi carácter, haz que la obediencia sea mi único anhelo. Y cuando las tinieblas se cierren a mi alrededor, permíteme seguir clamando «Dios mío», confiado en ti.

Profundiza cada vez más aspectos de tu gozo dentro de mí —que sea, tal como te pidió Jesús, cumplido en mí—, para que de esa forma yo pueda llevar de una forma más completa a la realidad de mi vida las oraciones de semejanza a Cristo, de niñez, de renuncia, de muerte, de vida... y de gozo.

Y a lo largo de todo lo que me queda de vida, Padre, a través de los años, y en los pequeños instantes de este mismo día, cumple tus propósitos en mí, y sigue haciendo tu obra... para hacerme como Jesús.

Si desea compartir sus pensamientos con el autor, recibir una lista completa de sus libros, o investigar acerca de

Leben,

publicación periódica donde aparecen escritos, revisiones, artículos, cartas de los lectores y pensamientos devocionales de Michael Phillips, así como escritos y ensayos relacionados con la obra de George MacDonald y su legado, diríjase a: Michael Phillips

Lebenshaus institute

P.O. Box 7003
Eureka, CA 95502